建设体育强国背景下我国校园足球的现状及后备人才培养研究

杨斌　著

中国海洋大学出版社
·青岛·

图书在版编目（CIP）数据

建设体育强国背景下我国校园足球的现状及后备人才
培养研究/杨斌著. —青岛 ：中国海洋大学出版社，
2021.11
ISBN 978 - 7 - 5670 - 3036 - 7

Ⅰ. ①建… Ⅱ. ①杨… Ⅲ. ①青少年－足球运动－发
展－研究－中国②青少年－足球运动－人才培养－研究－
中国 Ⅳ. ①G843

中国版本图书馆 CIP 数据核字（2021）第 256858 号

出版发行	中国海洋大学出版社	
社　　址	青岛市香港东路 23 号	邮政编码　266071
出 版 人	刘文菁	
网　　址	http：//pub. ouc. edu. cn	
电子信箱	2586345806@qq. com	
订购电话	0532 - 82032573（传真）	
责任编辑	矫恒鹏	电　话　0532 - 85902349
印　　制	青岛至德印刷包装有限公司	
版　　次	2023 年 3 月第 1 版	
印　　次	2023 年 3 月第 1 次印刷	
成品尺寸	170mm×240mm	
印　　张	6	
字　　数	101 千	
印　　数	1～1 000	
定　　价	38. 00 元	

发现印装质量问题，请致电电话 0532-83645098 ，由印刷厂负责调换。

前　言

在建设体育强国背景下，我国校园足球的振兴与发展有着非凡的意义，对于校园足球现状以及足球后备人才培养的研究更是有着非常重要的价值。2015 年，中央深化改革小组会议通过了《中国足球改革发展总体方案》，指出了"实现中华民族伟大复兴的中国梦与中国体育强国梦息息相关，发展振兴足球是建设体育强国的必然要求，也是全国人民的热切期盼。"习近平体育强国思想的主要内涵之一就是：以三大球为重点全面推进体育强国发展战略。习近平主席在对爱尔兰、德国、墨西哥、印度尼西亚、马来西亚和英国等国进行国事访问时都谈到了足球及其体现的团结合作精神，对中国足球发展寄予厚望。可见，校园足球是实现中华民族伟大复兴的中国梦与中国体育强国梦的有效途径之一。自 2009 年 6 月 10 日，全国青少年校园足球活动启动以来，中国足球的发展就回归到本质理性的轨道上来了。近年来，教育部、国家体育总局等部门出台了一系列政策以支持校园足球的发展，其目的就是普及足球，提高足球人口素质，体教结合，形成以校园足球为主体的足球普及体系，其最终目的是提高中国足球竞技的水平，建设体育强国。

本书首先对建设体育强国的背景进行了分析，明确了开展校园足球的目标、功能及意义；然后对我国校园足球的发展现状以及在发展中的问题和解决对策进行了研究；之后又重点研究了在建设体育强国背景下校园足球文化的价值与构建实施，分析了我国校园足球人才的培养体系，并对国外足球后备人才培养模式进行了研究，探讨了我国足球后备人才培养体制的改革以及发展策略。

本书在编写过程中，汲取了许多有关校园足球的最新信息，借鉴和参考了国内外许多专家和学者的最新研究成果，在此一并表示感谢。由于作者水平有限，疏漏与不当之处在所难免，恳请广大读者批评指正。

作　者
2018 年 1 月

目　录

第一章 导 论

第一节 建设体育强国背景分析

一、习近平体育强国思想的主要内涵

党的十八大之后，习近平总书记在治国理政的过程中逐步提出了要把中国建设成世界体育强国的要求。学习和探究习近平体育强国思想，有利于深入了解中央对体育改革的顶层设计，进而深化体育领域里的改革思路，扫清不利于体育事业健康发展的机制障碍，这对于建设体育强国背景下校园足球的发展也具有重要意义。习近平体育强国思想正处在不断延展中，其主要脉络已基本形成，包括如下几个方面的内涵。

（一）以自强不息为内核促进整个民族从精神上强大

习近平总书记多次谈及奖牌观，基本内涵就是展示自强不息的民族精神。他在索契冬奥会看望中冬奥体育代表团时说："成绩不仅在于拿奖牌，更在于自强不息精神的体现。"他在里约奥运会闭幕后会见中国体育代表团时，赞扬体育健儿在里约奥运会上的出色表现，称他们生动诠释了奥林匹克精神和中华体育精神，为祖国争了光，为民族争了气，为奥运增了辉，为人生添了彩，激发了全国人民的爱国热情和全世界中华儿女的民族自豪感，增强了中华民族的凝聚力、向心力和自信心，是中国精神的一个重要体现。自强不息是中华民族精神的概括，也是我们民族延绵不绝的依托。世界体坛是一个万众瞩目的平台，集中展现了各个民族的精神。习近平总书记所倡导的奖牌观，旨在通过像奥运会这样的重大赛事，向世界传达中国精神，树立中国形象。

习近平总书记在南京青年奥林匹克运动会上指出："体育是提高人民健康水平的重要手段，也是实现中国梦的重要内容，能为中华民族伟大复兴提供凝心聚气的强大精神力量。"无论是"更快、更高、更强"的奥林匹克精神，还是自强不息的中华民族精神，其内核是相通的，都

— 1 —

是要展示强大的精神引力，并且辐射到社会生活的其他方面，为国家和世界的梦想实现汇集力量。2008 年，北京奥运会招募了 10 万名赛场志愿者、30 万名城市志愿者，还有全国 10 多亿人的支持，那种万众一心的努力让世界震撼。面对严重的汶川地震灾害时，中国人民没有被困难所吓倒，全体运动员和各族人民在不同岗位上团结奋斗，淋漓尽致地展示了我国自强不息的民族精神，可以说，世界从北京奥运会上看到了中国力量和中国自信。

（二）以全民健身为抓手促进人民体质从整体上强健

自 2000 年悉尼奥运会以来，中国在奥运赛场上连续取得优异成绩，这表明我们已经迈入竞技体育强国之列，但是，国民的身体素质与世界体育强国相比还有差距。随着中国综合国力的不断增强，国民关注自身健康、注重锻炼的人数不断增加。习近平总书记在不同场合一再强调，我国体育工作的根本方针与任务是发展体育运动，增强人民体质，"人民身体健康是全面建成小康社会的重要内涵，是每一个人成长和实现幸福生活的重要基础。我们要广泛开展全民健身运动，促进群众体育和竞技体育全面发展。"他在张家口市考察冬奥会筹办工作时指出，中国有小康还要有健康，"人生幸福快乐，强身健体十分重要。中国是一个 14 亿多人口的大国，体育是重要的社会事业，也是前景十分广阔的朝阳产业。我们申办北京冬奥会，一个重要目的就是推动我国冰雪运动快速进步，推动全民健身广泛开展。"习近平总书记对全民健身的支持，有力地促进了群众体育活动的蓬勃开展。以 2019 年为例，全国共举办了 719 场马拉松比赛，全程 247 场、半程 472 场（港澳台只统计了台北马拉松和澳门马拉松）。大型群众性活动的增长势头表明，人们的健身意识正在转化为实际行动。国家把握时机积极推进全民健身工程，"十四五"规划提出要广泛开展全民健身运动，增强人民体质。这是全面建成小康社会必须达成的目标，也是体育强国建设的内容。习近平总书记关于大众体育的系列讲话，准确地把握了我国人民增强体质、保持健康的愿望，并且引导了全民健身方案的制定，目的在于通过运动，让健身的理念深入人心，让健身活动逐渐成为全民习惯和社会风气，从而"落实全民健身国家战略，普及全民健身运动，促进健康中国建设"。

（三）以大型赛事为依托提升国家办赛参赛的能力

习近平体育强国思想的一个重点内容是，通过大型赛事的举办，不断地提升国家办赛和参赛的能力。在北京举办的第 29 届奥运会，习近平总书记亲历了奥运会成功举办为国家发展带来的长期效应，非常重视大型国际赛事的举办。2014 年 2 月 7 日，习近平主席赴俄罗斯出席索契冬奥会开幕式，这是他首次出席在境外举行的大型体育赛事。国家领导人高规格现身索契，向世界表明了中国对于冬奥会大赛的期盼，也为中国申办冬奥会积攒了人气。他对国际奥委会主席巴赫说："中国继成功举办 2008 年北京奥运会后，已提出申办 2022 年冬奥会。这必将促进冬季运动项目在中国的普及和发展，也将进一步弘扬奥林匹克精神。"2015 年 7 月，在投票表决 2022 年冬奥会举办城市前，习近平主席通过视频向国际奥委会主席致辞，表达了对举办 2022 年冬奥会的期盼之情和坚定支持。从申办冬奥会的提出到与巴赫的当面交谈，再到表决前夕的支持表态，无不体现出他对大型赛事的重视和期盼。习近平总书记重视大型国际赛事的举办，目的在于凝聚国家力量。2014 年 8 月 15 日，习近平总书记来到南京青奥会运动员村看望中国体育代表团，表达了党和国家对大型赛事的关切和对中国运动员的祝福。2016 年 8 月 25 日，习近平总书记在人民大会堂会见从里约归来的中国体育代表团，并为中国队加油鼓劲。他认为，大型赛事不仅是金牌的问题才备受关注，更是因为其中蕴含着国家力量。金牌背后有更多的意义，运动员在赛场上代表的是中国人民，参赛队体现的是中国精神。我们带着一支队伍与世界体育强国在同一个赛场上比赛并取得好成绩，这本身就是国家实力的体现。中国成功举办了亚运会、奥运会，正在筹办冬奥会，这些大型赛事的举办彰显了我们日益增强的综合国力。

（四）以三大球为重点全面推进体育强国发展战略

体育的强盛需要从大处着眼，小处着手，既要统筹兼顾，又要重点突出。对体育重点项目的把握是建设体育强国的关键，虽然我国的乒乓球在世界处于领先地位，但大球的整体态势不容乐观。习近平总书记曾说："'三大球'要搞上去，这是一个体育强国的标志。"他在与外宾谈话时也多次提到中国足球的发展。2011 年 7 月，习近平会见韩国民主党党首孙鹤圭一行时表示："中国世界杯出线、举办世界杯及获得世界杯冠军是我的三个愿望。"习近平在对爱尔兰、德国、墨西哥、印度尼西亚、马来西亚和英国等国进行国事访问时，都谈到了足球及其体现的团结合作精神，对中国足球发展寄予厚望。

三大球的发展不同于单人项目，赛场上更需要团结合作，这是中华民族精神在体育项目中最具代表性的体现。抓住了三大球的发展，也就抓住了体育强盛的关键。习近平总书记在接见中国奥运代表团从里约归来时称赞女排："中国女排不畏强手、英勇顽强，打出了风格、打出了水平，时隔12年再夺奥运金牌，充分展现了女排精神，全国人民都很振奋。"这些话语都突显了他对大球项目重点发展的意愿。

二、以"创新、协调、绿色、开放、共享"的发展理念推动体育强国建设

2016年3月18日，习近平总书记在专题听取北京冬奥会、冬残奥会筹办工作情况汇报时深刻指出："要增强使命感、责任感，认真落实创新、协调、绿色、开放、共享的发展理念，坚持绿色办奥、共享办奥、开放办奥、廉洁办奥，高标准、高质量完成各项筹办任务，把北京冬奥会、冬残奥会办成一届精彩、非凡、卓越的奥运盛会，向祖国人民、向国际社会交上一份满意答卷。"新的发展理念既是对办好北京冬奥会、冬残奥会的要求，也是对当前和今后我国体育事业发展的总体要求。

（一）以创新与协调发展理念激发我国体育强国建设的第一动力

在习近平总书记看来，体育是通过强健体魄、砥砺意志、凝聚和焕发民族精神与时代精神，为中国梦提供物质力量、人力资源和精神力量。用创新、协调、绿色、开放、共享五大发展理念统领我国体育事业发展是从五个方面牵引我国体育事业向更加健康、更加体现社会主义本质的方向发展，也进一步展示了我国体育发展的理念、体制和机制在国际上的强大优势。创新发展理念是我国从体育大国走向体育强国和赶超世界先进水平的根本理念，也是我国体育发展在较短时间内取得举世瞩目辉煌成就的基本经验。习近平总书记多次强调，创新是引领发展的第一动力。可以说，创新也是引领体育发展的第一动力和不竭动力。协调体育发展理念是在国家经济投入与承受度、竞技体育与群众健身、体育事业与体育产业、不同类型的体育项目等关系协调基础上，注入了新的内涵和要求，特别是要更加注重残疾人的体育项目与普通体育项目的并进发展、体育与休闲的互动发展、体育与热爱运动、崇尚运动的文化共同发展、贫困地区群众体育发展的扶持等。

（二）以开放和共享发展理念为我国体育发展水平提升注入新的活力

开放发展重点在于，向社会开放办体育，让更多的社会人才、社会资金和社会智力参与到体育事业和体育产业中来，为加快我国体育一流水平建设共同发力；向世界上其他国家学习先进体育训练方法和管理方法，补我国弱势项目的"短板"；把其他学科的知识和体育知识结合在一起，以实现跨学科融合；要避免体育运动员身份固化，要形成开放机制，适时调整自己的个人发展方向。共享发展则强调了我国体育发展的根本宗旨，要求全国人民共同参与、共同分享体育运动的乐趣和我国体育事业所带来的幸福和国家荣誉，这也是我国体育改革的发展方向和提升我国体育发展水平的制胜法宝。

（三）以绿色与廉洁发展理念增强我国体育事业健康发展的向心力

绿色发展是对缓解当前我国体育事业和体育产业发展与环境冲突的新要求，是中国特色社会主义体育发展的本质体现。体育绿色发展体现在鼓励更多群众亲近自然、体育场馆的绿色构建和体育产业的低碳发展。2017年1月23日，习近平总书记在考察奥运场馆时强调："各项规划都要体现节约集约利用资源、最大限度发挥资金使用效益的原则，不要贪大求全、乱铺摊子。"确保体育设施成为优质、生态、人文和廉洁的精品工程，配套建设要体现中国元素、当地特点，严格落实节能环保标准，保护生态环境和文物古迹，让现代建筑与自然山水、历史文化交相辉映。在习近平总书记讲话中，除了坚持绿色办奥、共享办奥和协调办奥，还特别提出了廉洁办奥。曾有一段时间，我国的体育管理部门有的环节出现了腐败案件和腐败问题，兴奋剂、假球、彩票资金的私分、运动员之间的利益争夺、部分体育官员和运动员的违法犯罪和道德失范等问题严重危害了体育事业发展的"肌体"，这亟须通过廉洁发展体育事业的理念和制度进行从严治体，增强我国体育事业健康发展的向心力。廉洁发展体育事业，这是"五大发展理念"统领体育事业的内在要求，既是五重牵引的综合结果，也是五重牵引的前置条件，它和"五大发展理念"是有机统一的关系。"五大发展理念"统领体育事业发展决定了我国未来体育工作的发展思路、发展方向、发展着力点，具有战略性、纲领性和引领性的鲜明特征，集中反映了我党对体育发展规律认识的深化，极大地丰富了马克思主义发展观。

（四）创新"三大球"发展方式促进体育强国建设进程

尽管二十多年来，中国运动员在国际赛场上捷报频传，奥运金牌连续处于世界第二位，但有些项目仍是"短板"，特别是"三大球"。通过创新发展"三大球"和补"短板"促进全面提升是习近平总书记体育战略和辩证思维的又一特色。"三大球"是一个体育强国的标志。国家对于发展"三大球"已做出科学统筹，对于足球，习近平总书记强调："发展振兴足球是建设体育强国的必然要求，也是全国人民的热切期盼。"因为"足球是一项讲究配合的集体运动"，其"魅力还在于赛场情况瞬息万变，结局不可预测"。习近平总书记还提出："篮球要为我国'三大球'振兴作出努力。"通过振兴"三大球"带动各个项目全面提升，同时，以体育整体实力提升，促进"三大球"崛起，是我国未来一段时间体育项目提升的基本基调。

三、振兴足球与建设体育强国的关系

2015 年，中共中央全面深化改革领导小组会议通过了《中国足球改革发展总体方案》，其中指出"实现中华民族伟大复兴的中国梦与中国体育强国梦息息相关。发展振兴足球是建设体育强国的必然要求，也是全国人民的热切期盼"。

（一）振兴足球是促进青少年国民性形成的需要

少年强则中国强，青少年是国家的未来，其精神品质、身体素质、价值取向决定着民族的发展和国家的命运。当前，我国青少年的国民性面临着极大的挑战，这具体表现在：体质健康指标逐年下降；一小部分的独生子女缺乏勇敢、担当品质，也缺少集体意识和奉献精神。体育作为教育手段的重要一环，对于青少年的价值塑造要能够体现出时代的价值。而足球运动本身的特点更是决定了其在促进青少年身心健康方面具有更大的价值，因此，有理由选择足球作为青少年体质和品德提升的载体，进而成为建设体育强国的突破口。

首先，足球运动是促进青少年身体健康最好的手段之一。有研究表明，进行足球教学能有效提高儿童姿势控制能力，促进儿童身体能力发展。足球运动主要靠脚部完成技术动作，能够锻炼距离大脑神经中枢最远的部位——即通过脚下动作的训练来促进神经系统的发展，充分调节大脑与其他身体机能的关系。从这个意义上来说，足球是一项相对比较难掌握的运动项目。足球场地大、比赛时间长，还需要投入大量的训练时间，在比赛和训练中，可以使青少年在耐力、速度、力量、协调性、灵活性和反应速度等各方面的身体素质都得到很好的锻炼。例如，在足球比赛中，参与者的跑动就有冲刺跑、加速跑以及中场距离的跑动。在一场职业比赛中，中场队员的跑动一般要在 10 千米以上，前场队员要做大量的冲刺跑来获取空间和球权。跑动是体育锻炼中较为枯燥的训练内容和手段，但在足球运动中却能够展现较强的游戏性，从而对青少年产生吸引力。

足球运动又是促进心理健康和健全人格的最佳途径，对青少年的团队意识和人格培养具有重要价值。足球是身体直接对抗的项目，规则又允许通过合理冲撞的方式增加比赛的强度和精彩程度，因此，对抗强度远大于其他项目，这对培养参与者的勇敢精神和不服输的劲头非常重要。足球是场上比赛人数最多的集体项目，场地大、技术难度高，这就要求个人的技术和战术要服从集体战术安排，与场上队员进行配合。相比较篮球、排球和手球等其他集体项目，足球在时空上对于团队的要求更强。一支队伍想要取得优异成绩，基本技术、个人能力和战术体系固然重要，队员之间的默契配合和团队精神则更加重要。参加足球训练与比赛，对于全面人格的促进和团队精神的培养作用不言而喻。特别在当下社会，我国青少年主要以独生子女为主，体质健康逐年下降，缺乏勇敢精神、集体意识和奉献精神，更需要通过足球这一手段来全面提升青少年的身心健康。

"体育是产生优秀公民最有效、最适当和最有趣的方法"，是塑造国民性最有效的手段。通过体育提高青少年身体素质、形成团队意识、培养奉献精神，从而促进青少年社会化进程。在"满足增强体质和培养后备人才的基础上，形成'足球发展—青少年成长—社会进步'的有机统一体"。当今世界，足球已经超越了其运动本身，形成了文化图腾，其既代表了现代竞技体育发展的方向，也融入了世界发展趋势的需求。每一届世界杯（包括预选赛）既是各国足球技术展示的舞台，也是民族文化宣扬的机会，足球与各国的文化形象鲜明融合在一起。因此，足球运动的强盛，不仅可以在竞技赛场上取得相应的话语权，也很好地展现了民族文化，而这一点对于青少年的文化意识塑造也有着促进作用。

（二）振兴足球是带动群体活动开展的需要

足球是大众化的和全面的体育手段，通过发展足球可以带动其他运动项目的开展，全方位提升我国体育人口的数量。当前，我国体育人口的比例远低于发达国家，而且限于区域和地区经济发展的差异，在不可能同时发展所有运动项目的背景下，国家选择足球为突破口，不失为一种有效的手段。当然在操作层面上，要避免足球发展中的"大跃进"思维，舍本逐末，为振兴足球而牺牲了其他运动项目。在发展理念上，要树立振兴足球，同样能促进其他运动项目发展的认识。如解决中小学场地资源紧张问题，由于足球场地的面积大、功能性强，修建足球场就意味着学校要具备多功能的室外操场。只要设计合理，除开展足球项目以外，篮球、排球、田径、羽毛球、乒乓球和跳绳等多数的室外体育项目都可以在多功能操场上开展；政府大力投入人力和物力推广足球在学校的开展，客观上为体育场地匮乏、设施落后的地区提供了全面发展其他体育项目的机会，从而成为实现2025年经常参加体育锻炼的人数达到5亿、人均体育场地面积达到2平方米的重要途径。足球的发展和社会影响力的提高，不仅能带动整个社会对体育的关注度，同时可以促进其他体育项目的协调发展。2015年，教育部出台文件，把足球、篮球、排球、田径、游泳、体操和武术列为7个重点发展的项目，已体现出在足球的带动下，其他有影响力的大球项目、基础项目和传统体育项目均衡发展的势头。

（三）振兴足球是提升竞技体育影响力的需要

近代工业革命触发了竞技体育的现代化进程，这一过程首先开始于欧洲和北美一些国家，后来传播到世界各地。其中，现代足球运动诞生于19世纪60年代英国公学，与当时的贵族和绅士阶层所崇尚的板球、猎狐、网球相比较，足球运动在工人阶级为代表的下层社会里找到了生存的土壤，野蛮的、激烈对抗的足球运动在简约的规则约束后，迸发了鲜活的生命力。

体育运动虽无优劣高低之分，但竞技文化在时代发展中则会选择某些项目为主流，个人项目如网球、田径、游泳，集体项目如篮球、排球等。而足球运动无论是在业余时代还是商业化时代，都充当了世界体育发展的领头羊。其本身所体现的公平、正义的伦理逻辑、强身健体的生活理念、群体社会的情感认同，更超越了地域和文明的限界，成为名副其实的世界性身体语言。可以说，足球运动是世界竞技体育发展的必然选择。

世界公认的体育强国几乎都是足球强国，如德国、英国、法国、西班牙、意大利、俄罗斯，还有日本、韩国以及澳大利亚等体育强国足球水平都很高。美国看似足球水平与其世界第一体育强国的身份不匹配，实际上，美国女足两次夺取世界杯、男足多次进入世界杯 16 强的成绩并不算差。另外，在美国人思维中，他们认为"美式足球"（American football，即美式橄榄球）才是真正的足球运动。美式足球的对抗更激烈、场上分工更明确，其既强调团队配合，又突出个人英雄主义，这体现了美国的精神价值追求。因此，足球作为世界第一运动，自然也就成为体育强国的重要标志。

1984 年，中华人民共和国成立后首次参加夏季奥运会。以后，我国的竞技体育不断取得突破，在体操、跳水、乒乓球、羽毛球、举重和射击等项目上处于世界领先地位。但目前我国只能算"夏季奥运强国"，尚未达到"竞技体育强国"的高度。若以金牌数量来看，在世界范围内影响力较大的项目如足球、篮球、排球等集体球类项目，田径、游泳等基础项目，赛车、高尔夫、网球等商业化项目运动水平相对较低。在足球世界杯、篮球世界锦标赛等国际大赛中，我们的运动水平还不高，甚至没有资格参赛，没有赢得应有的国际地位，尤其是男子足球的水平远远落后于其他体育强国，这使我国竞技体育的影响力大大下降。因此，要提高我国竞技体育的国际影响力，足球水平的提升是必然要求。

因此，我们应当转变发展思路，实现竞技体育在其他方面的价值。例如，从体育文化的角度，"发展推广足球运动有助于当代中国建立一种集合民主、法治、竞争、合作、科学和系统，兼顾民族特色与独立理性，开放引领，融入世界的现代型社会文化"。这种文化是大气开放、兼容并蓄，并且与世界相接轨的文化，只有发展这样的足球文化和体育文化，才能更好地提升中国体育的国际影响力。从足球运动的改革来看，足球振兴已成为体育改革的重要组成部分，并引导着体育改革的方向。1992 年，红山口会议的召开标志着中国足球开始职业化进程，市场的导入预示着中国竞技体育价值取向多元化。体育产业逐步在中国确立，竞技体育市场化逐渐形成，篮球、排球、网球等运动项目也纷纷效仿足球进行改革。然而，"从 20 世纪 90 年代初期开始探索发展职业足球，改革一度带来活力，但由于对足球的价值和规律认识不足，急功近利的思想行为严重，组织管理体制落后，人才匮乏，监管缺失，导致足球发展的社会基础薄弱，行业风气和竞赛秩序混乱，运动成绩持续下滑。"这成为 2015 年新一轮足球改革所要解决的问题，以此来体现足球作为发展体育运动、建设体育强国的重要性。在我国体育事业的改革进程中，足球始终承担了旗手的作用，通过足球改革来推动中国体育的改革，这是足球改革的初衷和根本立足点。足球改革的成功预示着足球能否振兴，体育改革能否成功，也预示着体育强国能否实现。

把足球振兴作为建设体育强国的突破口，一方面，因为足球振兴的背后是群众基础，足球运动的发展需要强大的群众体育，这是体育强国的标志之一；另一方面，尽快提升我国竞技体育在世界的影响力、成为真正的竞技体育强国是一个重要的标志，要达到这个目标，振兴足球是必然的选择。

（四）振兴足球是推动发展体育产业的需要

2014 年 10 月，国务院印发了《关于加快发展体育产业促进体育消费的若干意见》，提出 2025 年体育产业总规模超过 5 万亿元的目标，将我国的体育产业上升到国家战略层面，成为推动经济社会持续发展的重要力量。从全世界的体育产业发展来看，足球是体育产业中最重要的运动项目之一，年产值超过 5000 亿美元，占全球体育产业总规模的 43% 以上。而且足球产业发展迅速，以欧洲为例，欧洲足球的产业化始于 20 世纪 80 年代末期，在随后的近 40 年中迅速增长，2019 年，欧洲五大足球联赛总收入为 179.5 亿欧元，其占有份额在当年全球体育赛事产业中超过 43%。根据福布斯中文网统计：2018—2019 赛季，全球最具价值的前 5 名俱乐部是：巴塞罗那（3.835 亿欧元）仍将位居榜首，随后的顺序是巴黎圣日耳曼（3.634 亿欧元）、拜仁（3.565 亿欧元）、皇马（3.546 亿欧元）和曼联（3.1720 亿欧元）。此外，这一赛季财富榜的 20 强总共创造了 93 亿欧元的收入，较上个赛季增长 11%。增加的 9.39 亿欧元中，有 5.75 亿的转播收入（增长 16%）、3.13 亿的商业收入（增长 9%）、5100 万的比赛日收入（增长 4%）。可以说，欧洲职业足球俱乐部个个都是"印钞机"，其高超的足球运动水平和娴熟的商业化运作，为其赢得了巨大的商业价值。此外，以足球为中心形成了广泛而又紧密的经济链条，联结了纪念品销售业、旅游业、服务业以及博彩业等。以 2014 年巴西世界杯为例，平均每场赛事有 1.5 亿人观看，而决赛有 1.88 亿左右的观众。在世界杯期间，我国共有 7.9 亿观众通过电视收看了世界杯比赛，将近占了中国人口的 60%。国际足联 2014 年从巴西世界杯获利 43 亿美元，前两届分别获利 20 亿和 36.7 亿美元。

与之相比，我国体育产业的发展现状令人担忧。2019 年，我国体育产值为 26603.4 亿元，仅占 GDP 的 1%，体育产值与体育强国相比差距巨大。例如，美国体育产值占 GDP 的 3%，日本是 4%。而且，我国足球产业的发展现状更加落后。以中超为例，2019 赛季，中超公司在版权收入和商业收入方面共获得约 15 亿元人民币，16 家俱乐部约得到 11 亿元人民币的分红总额，平均不到 7000 万元，最高的一家和最低的一家之间相差不到 1000 万元。毫无疑问，中超公司目前的营收能力与国际成熟的职业联赛相比差距巨大，中超俱乐部每赛季得到的分红还不足其整体投入的 15%。

2014 年，国务院出台了《关于加快发展体育产业促进体育消费的若干意见》，大力促进我国体育产业的发展，并指出对发展相对滞后的足球项目制定中长期发展规划和场地设施建设规划，大力推广校园足球和社会足球。这是足球产业发展的一个总体方向和引导目标，是希望足球产业起到一个连接和纽带的作用，通过足球产业的发展，促进全民健身运动，引起社会对足球运动的关注，同时也促进奥运争光计划的竞技体育发展，带动中国体育产业繁荣。如果足球产业不振兴，并且发展不好，中国体育产业将仍然处于市场化的初级阶段，体育强国的实现就无从谈起。

第二节　开展校园足球的功能及意义

一、开展校园足球的功能

（一）社会功能

1. 校园足球有利于扩大运动训练的选材面

培养足球人才的过程就如同工厂加工产品的过程，一种高质量产品的产出需要上等的原材料以及精湛的加工工艺，而优秀足球后备人才的培养，同样也需要两个重要的条件：第一，构建良性的青少年培养体系，选拔具有潜质的足球苗子；第二，科学化训练。

"选材的成功意味着训练成功的一半"，这种观点已经被当今世界各领域的优秀教练员所认可。在竞技体育水平越来越高的今天，科学选材的重要性也愈加突出。然而，在我国传统青少年足球后备人才培养体制下，不重视足球运动的普及，足球人口基数小，可供选拔的面过窄，由此导致选拔出的足球苗子数量少且质量低。

要解决目前我国面临的选材难的问题，首先就要扩大选材范围，选材的范围越大，优秀的苗子被选中的概率就越大，成才的概率也会越高。要扩大选材范围，就必须在青少年聚集的区域内加大普及力度。众所周知，我国有九年义务教育制度，几乎所有的青少年都必须经过小学和初中的九年义务教育，因此，学校教育是我国青少年学习成长的必经之路。也就是说，实践体教结合理论，走校园足球培养模式，有利于充分利用学校范围内得天独厚的生源条件，最大限度地扩大运动训练的选材面。

2. 校园足球有利于足球人才扩宽成才道路

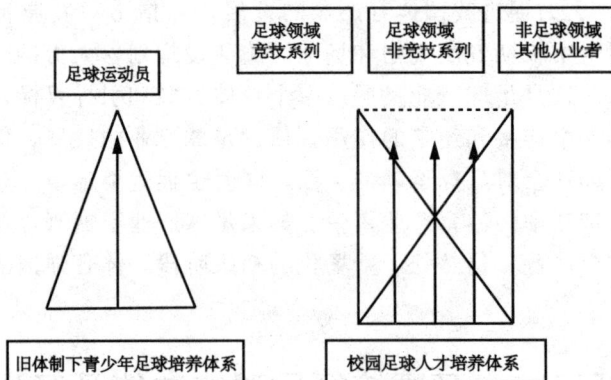

图 1-1　不同培养体制下青少年足球人才成才路径模式

如图 1-1 所示，在旧体制下金字塔式的单一培养模式，使许多从小参加足球运动的运动员，在不能成为职业球员的同时，也失去了从事其他职业的机会，这样就造成了人才的极度浪费，也导致了培养体系的非良性运行。

校园足球人才培养体系，在重视学生足球技能培养的同时，也保证了正常学业的完成，使那些参加足球运动的学生，当不能成为优秀足球运动员的时候，还有机会选择足球领域的其他职业，如足球专业教师、青少年足球教练员、足球科研人员、足球裁判员、足球解说员以及从事足球产业的其他人员等等。此外，还有机会成为推动足球运动发展的其他领域的人群，如足球健身者和足球产品消费者等。校园足球扩宽了人才培养道路，同时也增加了足球人员的从业机会。

3. 校园足球有利于抑制球员的超龄现象

众所周知，超龄一直是阻碍我国足球运动水平停滞不前的问题。然而，通过在校园足球联赛中对学生学籍和身份证的注册，从小给学生建立足球档案，可在一定程度上解决球员的超龄问题。

更改年龄一般是运动员在准备进入竞技体育领域前进行的，以方便其在以后的竞赛中占有身体方面的优势。然而，由于进入小学也要进行年龄登记，在这个阶段里的学生一般不会对自己的年龄进行更改，所以这时的年龄一般较为真实。通过校园足球联赛的学生注册，给学生建立足球档案，这样做的目的一方面便于对学生进行系统的培养；另一方面也能很好地监控学生的年龄问题，保证其年龄的真实性。

4. 校园足球有利于足球运动的可持续性健康发展

从宏观上来讲，自古以来，竞技运动与教育就有着千丝万缕的联系，在古希腊文化的全盛时期，运动锻炼是城邦生活的重要组成部分，也是教育的基本内容。古代与现代奥运会产生的主要原因就是，人们要求通过竞技体育来培养身心和谐发展、为社会服务的人。这一发展史表明，远离教育和学校，不利于人发展，也最终危及竞技运动，只有走学校化培养模式，将夺标和育人两者有机结合起来，才能让竞技体育可持续健康发展。

从微观上来讲，校园足球培养广义的足球人才，它既包括足球运动员，也包括为提高运动成绩，为运动员服务的科研人员、管理人员和教练员等专业性科技人才。一项运动的蓬勃发展仅靠几名优秀的球员是远远不够的，更重要的是，要有一个传承优良传统、先进理念，丰富经验的管理团队。校园足球的人才培养为管理团队的组建提供了人力保障，有利于足球运动的可持续性健康发展。

5. 校园足球有利于竞技足球与大众普及的紧密结合

竞技足球与大众普及具有一致性与互补性，高水平竞技运动和大众体育都是以人的发展为最终目标，因此都具有很强的教育价值。前者从精神上鼓励人们自强不息、奋发向上和超越自我。后者则是从具体的生活方式的改善上入手，培养人们学会健康的生活。这两种教育很好地结合在一起，从而构成一个完整的体育教育体系。对于青少年学生而言，这两种教育更是必不可少的，正如顾拜旦所说："为吸引 100 个人参加体育锻炼，必须有 50 个人从事运动；为吸引 50 个人从事运动，必须有 20 个人接受专门训练；为了吸引 20 个人接受专门训练，必须有 5 个人具备创造非凡成绩的能力。"足球运动具有内在的健身性与娱乐性功能，被广大青少年所喜爱，而青少年群体又处于学校之中，在学校内进行后备人才培养有利于扩大竞技足球在校园内的影响，吸引更多的青少年以不同的形式参与其中。另外，从字面上来分析，校园足球属于学校体育，学校体育又是大众体育的重要组成部分，而足球本身又具有竞技的基本特性，所以说，校园足球有利于竞技足球与大众普及的紧密结合。

6. 校园足球有利于学校的文化建设，扩大足球在学校的影响力

足球运动给文化启蒙带来很多东西，在足球比赛中，球员自由发挥的创造精神、挑战生理极限的忘我精神、服从团队和裁判的规则意识都是现代人最重要的基本素质。正因如此，无论是从事足球运动还是观看足球比赛，都会对人起到启发和激励作用。当前，校园文化建设不只是点缀一些文化体育活动，而是将课堂教学和其他方面融合起来，构成全方位育人和文化启蒙，而体育正是其重要组成部分。足球作为世界第一运动，将足球后备人才的培养融入校园与学校教育，有利于繁荣校园文化，从而扩大足球运动在校园的影响力。

(二) 校园足球的教育功能

1. 校园足球有利于足球后备人才的健康成长与全面发展

著名教育家苏霍姆林斯基讲过："成为一个有巨大成就的人固然可喜，但是成为一个真正的人更重要。"爱因斯坦也讲过："学校的目标始终应该是：青年人在离开学校时，是一个和谐的人，而不是作为一个专家。"只有将培养"真正的人""和谐的人"作为其基础性目标，体育后备人才的健康成长与全面发展的目标才可真正实现。然而，目前我国足球后备人才培养体系在一定程度上仍在致力于培养职业球员或专业运动员，而不是把培养"真正的人""和谐的人"作为基础性目标，传统的培养体系使后备人才在无形中被一种理念所支配，让他们错误地认为"获得好成绩就是成功，否则就是失败"。而校园足球，不仅使足球后备人才拥有同龄人健康成长的普适环境，更为重要的是，它给后备人才灌输了一种全面发展的思想，也提供了天然的文化学习环境。

2. 校园足球有利于发展学生的时间、空间概念，培养学生的逻辑思维能力

足球运动是一项集时间、空间因素于一体的体育运动项目。当学生接球时，要考虑到足球飞行的速度、轨迹、旋转以及自己所处的位置等时间以及空间因素；在控球以及传球的过程中，还要根据场上的形势，对手的位置以及队友的位置，选择合理的出球时间和出球线路。这些都

需要学生有较强的逻辑思维能力。经常从事足球运动的学生，在踢球过程中，通过频繁应对场上形势变化，可有效发展自己的时空概念，提高自身的逻辑思维能力。

3. 校园足球有利于学生良好的心理品质及思想品德的形成并激发其竞争意识

经常从事足球运动，不但对青少年学生自身良好性格的养成产生巨大的影响，而且还可以培养学生的意志力、自制力、责任感以及勇敢顽强、积极进取、机智果断、坚韧不拔、勇于克服困难、团结协作、密切配合、集体荣誉感和守纪律等良好的思想品德。

4. 校园足球有利于增强学生体质、促进学生健康

足球运动是全面锻炼和健全学生体魄的良好手段，是全民健身活动中一项行之有效的体育运动项目。经常从事足球运动，可以提高学生的力量、速度、耐力、灵敏、柔韧和协调等身体素质，并能使学生的高级神经活动得到改善，尤其能增强学生的心血管系统、呼吸系统等内脏器官的功能，从而增强学生体质，促进学生健康成长。

5. 校园足球有利于学生提高文化素质，增强足球后备人才对运动训练的理解能力

随着国际竞争的加剧、运动训练科学化程度的日益提高、职业体育的盛行、大量商业运作的渗入以及人们对竞技体育的广泛关注，当今世界各项运动的竞技水平都达到了前所未有的高度，在这种形式下，运动员取得优异成绩的难度也在增大。运动训练学专家马特维耶夫曾指出："未来运动成绩的增长主要不是靠最大限度地发挥运动员的体能、技能，而是挖掘运动员的智慧。"我国运动训练学专家田麦久也曾指出："当前竞技体育领域的竞争已经不再局限于身体与技战术层面，决定成绩的往往是运动员具有的心理素质、智能与文化素质。"这些观点都已说明，在现阶段中，竞技运动是以人的心智能为灵魂的活动，只有加强思维练习，长期进行知识学习与更新，才能最大限度地增强运动员分析解决问题的能力，改善运动员的思维品质，发挥运动员的想象力与创造力，提高技战术水平运用，进而创造优异的运动成绩。

在我国的足球领域中，由于运动员在传统培养模式下，长期受"踢球压倒一切"思想的影响，故其作为"人"的整体发展没有得到重视，只重视专业水平的提高，忽视了文化知识的学习以及个体综合能力的提升。到了一定的时期，由于思维、认知水平、思想观念、道德水平和精神力量等都没有得到相应发展，最后专业水平也会停滞不前。而校园足

球在接受专业训练的同时，又提高了文化素质，综合能力的协调发展有利于增强他们对运动训练的理解力，继而促进专业水平的进一步提高。

6. 校园足球有利于学生学习质量的提高

学生从踢足球中得到情绪体验，从看足球中得到艺术享受，从谈论足球中得到思想交流，足球运动丰富了学生的课余文化活动，缓解了学生的学习压力，增进了同学间的友谊，因而可有效提高学生的学习质量。

二、开展校园足球的重要意义

校园足球对体育和教育都具有重要的意义。校园足球是我国青少年培养体制改革的一次创新举措，是体教结合培养体育人才的一次新的尝试。校园足球运动的开展标志着我国青少年足球培养观念的转变，对其他体育项目后备人才的培养也具有一定的指导意义。开展校园足球对进一步加强青少年学生体育、增强青少年学生体质，深入贯彻党的教育方针，大力推进素质教育，培养中国特色社会主义事业的合格建设者和可靠接班人，具有重要意义。要理解开展校园足球的重要意义，就必须首先弄清职业足球、社会足球与校园足球的内涵和关系。

（一）职业足球、社会足球和校园足球三者的关系

1. 职业足球的内涵及特征

要了解职业足球的概念，我们先来看它的一个近缘概念，即职业体育。张林先生认为，职业体育是在商品经济发展以致体育市场不断扩大的环境下，体育活动本身自觉运用价值规律，在发掘高水平竞技运动的商品价值和文化价值的同时，参与社会商品活动和社会文化活动，从而使竞技运动员获得丰厚报酬，在这一过程中也为社会提供体育和文化服务。而足球运动作为体育运动的一种是毋庸置疑的，因而，我们可以认为职业足球具有职业体育的所有特征。那么，本书认为职业足球的内涵如下：职业足球在商品经济充分发展和体育市场不断扩大的条件下，利用高水平竞技运动的商品价值和文化价值，参与社会商品活动和社会文化活动，使职业足球运动员获得优厚报酬，并为社会提供体育和文化服务的一种活动。发展职业足球最显著的目的有两点：①从社会效益层面来说，职业足球为社会大众提供高质量的精彩表演，满足人们精神文化需求；②从经济利润层面来说，职业足球通过球赛获取相应的利润，以维持俱乐部的经营及足球产业的发展，促进国家经济的繁荣。

职业足球的特征如下。

（1）专业化特征

一是职业足球管理体制的专业化。正因职业足球具有市场化和专业化的双重特质，决定了它不仅要适应市场经济的发展，而且要遵循足球运动的发展规律，这就需要建立健全的管理体制。在这一方面，欧洲职业足球发展得比较早，在百余年的发展历程中，已经形成了一整套完善的专业化系统管理体制。而我国则起步较晚，足球职业化至今也不过二三十年的时间，其管理体制还很不成熟，在很多方面都有待进一步完善。我国在2015年颁布了《中国足球改革发展总体方案》，其中确立了职业足球发展的近期目标，即理顺足球管理体制、制定足球中长期发展规划、创新中国特色足球管理模式等。这说明我国职业足球的管理体制开始向专业化发展。

二是职业足球运动员技术、战术的专业化。所谓"术业有专攻"，职业足球运动员的职业就是足球，职业足球就是其本职工作，所以做好其本职工作的标准就是实现足球专业化。对于运动员来说，最主要的是足球技术、战术上的专业化，这就需要有专业的教练员。在专业化的指导后，运动员才能掌握精湛的技术；在专业化的训练后，运动员才能形成团队默契，最终赢得比赛。另外，为保证职业足球运动员训练的专业化，足球运动员的膳食营养、心理疏导、运动康复等也应由专业人员进行指导。

（2）市场化特征

当职业足球进入市场后，其运作和发展必然是符合市场规律的，必然以市场需求为导向、以竞争的优胜劣汰为手段，把社会资源与专业资源进行合理配置，从而实现效率的最大化。职业足球市场化后的需求可以概括为企业投资和广告需求、消费者需求、新闻媒体的信息需求和政府需求四个方面。各种需求的方向和特点均不同，其预期发生的效应也不同。我国是一个发展中国家，在各种需求的综合运用下，职业足球的需求市场是十分广阔的。市场为职业足球的飞速发展提供契机，市场规范化也使职业足球的发展进入良性循环。也可以说，职业足球的发展也只有符合市场的需求规律才能够取得长足的进步。而市场化与法制化是相伴而生、有机结合的，职业足球在市场化之后必须要对其进行法制化的管理，在法制的有力保证下，职业足球的市场化才能顺利进行和发展。加强职业足球法制化，在控制和引导职业足球产业中的恶性竞争和不当行为的同时，也为职业足球发展的良性循环提供了保障。

2. 社会足球的内涵及特征

随着 1919 年现代奥林匹克运动之父顾拜旦提出的"一切体育为大众",大众体育的理念也由此诞生。大众体育也称为社会体育,由此展开,大众足球也即社会足球。社会足球运动是指人们在闲暇时开展的,以强身健体、娱乐身心和不断满足人们日益增长的足球文化需求为主要目的,促进人们全面发展与社会和谐进步的足球活动。社会足球运动的组织管理相对松散,人员构成相对复杂,其主要目的是在休闲娱乐的过程中丰富人们的精神世界,从而发展足球文化。社会足球因其参与人数广、参与限制少,在某种程度上扩大了我国的足球人口,使足球人口的结构层次更加丰富,足球氛围更加浓郁。

社会足球的特征如下。

(1) 休闲化特征

社会足球的开展在时间、地点和形式上都相对随意。相对于职业足球和校园足球而言,社会足球的组织管理也相对松散,各项规章制度还有很大的完善空间,总体来说,到目前一直没有形成一套成熟的、系统的管理体制。随着经济的发展,人民生活水平的提高,国民幸福指数的提升,人们对休闲娱乐的要求也日渐提高,同时也更加注重自身及家人的健康状况。当前,全国人民的健身意识逐渐增强、健身热情持续高涨。社会足球的娱乐性以及易于开展的特点满足了参与者强身健体、放松身心的需求。首先,社会足球内容丰富、形式多样,轻松且不单调,既可以个人活动也可以多人集体活动;其次,社会足球运动负荷较小、控制自由,注重休闲放松,娱乐身心;最后,由于社会足球参与人员的多层次性和复杂性,便于社会足球参与者进行社交活动,在健身娱乐的同时增进交往和沟通。

(2) 平民化特征

社会足球的群众基础广泛,参与群体的年龄层次、职业分布均呈多元化,人员构成也相对复杂。足球运动的入门门槛相对较低,可以说是老少妇孺都可以进行该项运动,而且趣味无穷,参与者不受场地、时间的限制,随时都可以踢。在我国 20 世纪六七十年代,虽然供给匮乏、条件艰苦,但是社会足球氛围好,把足球作为娱乐项目的人不在少数。随着经济的发展、社会的进步,在公园广场、学校的操场,甚至需付费的专业运动场中都能看到足球爱好者的身影,这说明,社会足球的包容力极强,也吸纳了众多足球爱好者,扩大了我国的足球人口,加速了其平民化进程。

3. 校园足球的内涵及特征

校园足球，在范围上首先是限定在学校校园内开展的足球活动，因此是以学生为参与主体的。在开展校园足球的过程中，相关部门或机构以学校为基础依托，强化足球运动在提升学生身体素质、增进交流等方面的教育功能，从而促进学生综合素质的发展。通过足球教学活动，在引导青少年进行身体锻炼的同时，培养其终身体育的兴趣，同时能够对青少年的人生观、世界观和价值观进行干预和引导，并促进其心理健康，最终培养出身心素质过硬的社会主义建设的人才。

校园足球的特征如下。

（1）教育性特征

由于是基于教育体系之上，校园足球的组织管理体制相对健全和完善。校园足球的教学方式很多，目前，使用较多的是体验式教学，它通过亲身参与足球运动，青少年学生能够直接体会到足球的魅力。校园足球的教育可分为两部分：社会化教育和生物性教育。社会化教育也可以说是思想教育，小学语文课本中曾有《放弃射门》一文，文中通过对一场足球赛意外情节的描写，充分地展现了足球运动员的人性美。学生通过学习这篇课文必定会感受到足球运动中的人性美，类似这样的思想教育是潜移默化地进行的。生物性教育即是在体育课内外教师身体力行的实践教育。体育老师在学校内对学生进行足球理论或实践的教学，在踢足球的过程中，体育教师通过语言表达和动作示范对学生进行技能的教育和人格的培养。通过足球运动的实践参与，学生的速度、力量、耐力、灵敏和柔韧等身体素质得以提高。此外，校园足球教育可以提高参与者的团队协作能力，为其步入社会打下基础。综上所述，校园足球具有教育性的显著特征是显而易见的。

（2）游戏化特征

开展校园足球的目的主要有培养青少年对足球的兴趣、增强青少年身体素质、调节课余生活等。当前，开展校园足球活动的主要手段是以足球游戏为主、以学习足球的理论知识为辅的形式。对于青少年来讲，游戏代表着更轻松、更有趣和更易学。足球游戏正是因为具有这些特点，使得学生的学习热情保持得更为长久。而且，在"以学生为主体，发挥学生主人翁作用"的教育理念下，足球游戏教学无疑能更好地诠释"兴趣是最好的老师"的观念。在游戏中学足球、玩足球，青少年在体会足球为其带来快乐的同时感受并发现足球的魅力。在兴趣的指引下，必然有一部分青少年将足球发展成自己的特长甚至走上职业球员的道路。因此，足球后备人才的选拔、培养问题也迎刃而解，足球教师再利用科学的教学方法进行有效的教学和训练，培养出优秀的足球人才也非难事。

4. 职业足球、社会足球和校园足球三者关系

（1）职业足球和社会足球的关系

二者的关系是十分密切的，它们相互影响、相互作用，共同促进足球事业的发展。具体表现在以下几点。

第一，职业足球为社会大众带来心理价值和精神价值。

职业足球为大众提供精彩的、具有专业性和观赏性的高水平比赛。大众可以购买门票或入场券到现场进行观看，也可以在家通过网络或电视观看直播或转播。这些精彩纷呈的比赛给球迷们带来了心理上的满足和强大的视觉冲击，球迷们的心情都随着绿茵场上的球起伏而起伏。

第二，社会大众给职业足球提供经费给养。

职业足球常以俱乐部的形式存在，只有俱乐部赢利，球队才能有更长远的发展。球迷们热情地投入、球赛的直播或转播权、赞助商的广告费等都是俱乐部丰厚利润的来源。俱乐部的发展壮大也给职业球员带来丰厚的回报。2002 年中国男足首次进入世界杯决赛，中国女足两次获得世界杯亚军，这大大增强了我国球迷对足球的热情，随之我国社会足球氛围也变得越来越浓厚。

第三，社会足球与职业足球共同发展、互相促进。

社会足球团体如雨后春笋般涌现出来，职业足球运动员也可以深入社会足球团体对其进行指导，这既可以拉近彼此的关系，又可以使社会足球爱好者得到更专业的指导。

（2）职业足球和校园足球的关系

第一，职业球员对青少年学生起着积极示范和榜样作用。

小学课文中《放弃射门》一文，以职业足球运动员的事迹对学生进行品质教育，让学生们在美文的熏陶下去体会职业足球队员的品质以及足球的魅力。这就说明了，职业足球在青少年的教育方面有其示范作用和深远的教育意义。2016 年 1 月，浙江卫视一档足球综艺节目——《绿茵继承者》开播，节目聚焦 2022 年世界杯中国队适龄球员，16 位国内最具潜力的足球少年将前往欧洲最具盛名的豪门俱乐部，并且接受国际巨星的言传身教。职业球员在比赛间歇或是休赛期走进校园，近距离地和青少年进行互动，指导他们的足球技能，由此

拉近青少年和职业足球的距离,使青少年对足球产生更加亲切的感觉,也能亲身感受职业球员所具备的身体素质和专业的技术能力。

第二,校园足球为职业足球提供人才支撑。

这一点主要体现在足球后备人才的培养上,通过职业足球运动员专业的指导,青少年的足球专业技能得到迅速提高,继而可以成为职业足球的后备人才,由此就形成了一个庞大的足球后备人才库。职业足球和校园足球形成了良性循环,从而使我国的足球事业迈向新的台阶。

第三,社会足球和校园足球的关系。

青少年本身就具有双重属性,他们既是校园足球的主体又是社会足球的主要参与者。由于受在校时间的限制,在参与足球活动的过程中,青少年往往需要在课外、校外选择参加社会足球团体来提高足球技能,在练习足球的同时娱乐放松。青少年足球爱好者加入社会足球团体后,扩大了足球人口数量,丰富了足球人口结构,使得社会足球参与人群多元化。大多数青少年足球爱好者最后可能并不能成为职业足球运动员,但他们非常热爱足球这项运动,社会足球便是他们实现"足球梦"的另一个天地。社会足球的发展和壮大能更好地营造出浓郁的社会足球氛围,便会吸引更多人参与到足球这项运动中来。足球人口的扩大,会使足球这项运动成为大多数人日常的健身娱乐选择,日常的生活充斥着足球的氛围加上身边的人对足球的喜爱,这些都会对青少年的足球爱好形成"润物细无声"的影响。因此,社会足球对校园足球具有潜移默化的影响意义。

(二) 我国校园足球发展的时代意义

自 2009 年开始,我国启动校园足球计划,国家体育总局和教育部联合下发《关于开展全国青少年校园足球活动的通知》及实施方案,其目的就在于培养足球后备人才、推广足球文化和促进青少年身心健康发展。可见,校园足球的发展具有重大的时代意义。

1. 有利于增强学生体质

由十几年来国家体育总局和教育部下发的相关文件,我们不难看出国家对校园足球运动的重视。在国家出台的这些政策的依据中,最为重要一条就是我国青少年的体质健康问题。由国家体育总局每年发出的国民体质健康报告的情况得知,我国青少年体质的一些重要指标多年来呈现持续下降的趋势。因此,发展校园足球运动,其根本目的是提高我国青少年的体质健康,培养学生的拼搏精神和团队协作能力。

我国之所以提出并推行校园足球而不是一些其他球类项目，其原因在于：一方面与我国足球运动发展水平较差有关；另一方面也是由足球的教育功能所决定的。足球的运动形式使这项运动更具团结精神、协调意识，也更易进行挫折教育，促使学生德智体全面发展。在足球训练以及比赛中，除了能够增强学生体质，学生的行为习惯、意志品质、沟通能力、责任心、抗挫折能力和创造能力等都能得到锻炼和培养。充分利用我国大中小学校的体育设施和资源，广泛开展校园足球活动，普及足球知识和技能，形成以学校为依托、体教结合的青少年足球人才培养体系，对我国青少年足球的发展也具有深刻的现实意义。

2. 有利于突破我国的足球困境

分析我国足球运动的现状不难发现，足球俱乐部在我国的发展并不乐观，而校园足球则是我国足球困境突破与希望所在。足球俱乐部对于后备人才的培养只限于形式，而传统足球后备人才的培养机制解构后，一些专门的足球学校的数量也随之不断减少，种种因素使我国足球后备人才的培养问题频出，我国足球发展一时陷入了困境。2009 年全国校园足球计划的启动与实施为我国足球运动的发展困境带来了希望。这主要体现在：①校园是我国青少年教育和培养的大舞台，校园拥有足球训练的场地优势、人才优势和组织优势；②在我国传统体育后备人才培养体制的解构中，校园足球将成为我国足球困境突破的场所与希望所在。总之，在校园足球计划的带动下，我国青少年足球的参与和普及之势已成规模，足球运动的发展也终于有了希望。

（三）校园足球对中国足球发展的重要意义

中国足球处在发展的转型期和摸索期，只有经历了失败，才能找到一条适合中国足球发展的道路。足球要想发展、进步，就必须要回到它大众体育的根本——全民足球上来。众所周知，足球后备人才的培养是衡量一个国家足球发展水平的重要标准之一，它决定了一个国家足球运动的兴衰成败。中国足球运动水平之所以落后于日韩，一个很重要的原因就是对青少年足球运动员的培养不力以及校园足球开展的落后。开展校园足球，不仅是培养年轻球员，丰富球员储备的一条重要之路，也是一个决定"全民足球"道路的发展成功与否的关键因素，足球运动在校园内能否发展好，对我国足球运动整体水平能否提高有很大的影响。

首先，足球运动在学校中的推广，有利于中国足球运动员整体素质的提高。失去了球迷的中国足球就是失去了其发展所赖以生存的根基，因而逐渐走向低谷。

其次，开展校园足球能够大幅度地提高足球运动在全社会中的普及率，增加中国的足球人口数量。中国足球的发展是依靠专业的足球学校来培养运动员，而足球学校在数量上极为有限，而且在地域分布上也不均匀。从而导致了中国青少年足球运动员选拔的局限性，许多有天赋的青少年得不到进一步的发展机会。校园足球的展开，能使足球运动迅速在青少年中普及，对足球有特别爱好和天赋的小运动员能够获得更多的接近足球的机会，也有更多进入职业球员行列的途径。

最后，足球运动作为大众体育，理应回到基层，足球运动在校园内的展开，鼓励学生积极投入到足球运动中，不仅能够为中国足球从最基层发掘、培养未来的"希望之星"，也能够使学生通过这项体育运动强健身体、增强体魄。

第二章　我国校园足球发展现状与对策研究

第一节　我国校园足球发展现状研究

一、我国校园足球发展的三个阶段

（一）萌芽阶段

在萌芽阶段中，比较典型的赛事是"萌芽杯""幼苗杯""希望杯"等系列比赛。国家体委（现国家体育总局）和教育部在 20 世纪 80 年代初联合下发了《关于在全国中小学生中积极开展足球运动的通知》，通知中要求学校足球比赛的年龄参赛情况为：12 岁以下组参加"萌芽杯"、14 岁以下组参加"幼苗杯"、16 岁以下组参加"希望杯"。通知一经发出，马上吸引了全国各重点足球发展城市的 1000 多所学校。然而，由于一些参赛队伍一味地追求比赛成绩，将其所在地域的优秀青少年球员都集中在具备参赛资格的学校中，以致于其他学校的积极性受到了严重的挫伤，支持率的下降导致这项比赛只持续了 3 年。但是，各地的青少年足球专业性训练工作仍然如火如荼地坚持下来，中国男足第一次进入世界杯决赛阶段的 2002 年世界杯的参赛队员中，大部分都是在那时就开始接受的足球专业训练。可以说，萌芽阶段奠定了我国足球运动发展的坚实基础。

（二）发展停滞阶段

随着足球职业化的开始，我国足球运动的发展进入了一个新的发展时期。然而青少年足球的发展却进入了一个停滞期，这是因为大部分职业足球俱乐部将资金、人力投入的重点放在了一线队员身上，而对青少年足球运动的投入不足、对后备人才培养的重视不够。与此同时，一大批足球学校涌现出来，但它们的办学水平良莠不齐，高收费背后却是低成材率。这一现象导致这些足球学校在初始的蓬勃发展之后，很快进入了停滞期。这一现象对我国足球发展的影响也十分严重，经过几十年建立起来的"业余体校—省队—国家队"三级训练体系在这种冲击下解体，青少年足球运动员的注册人数下降至谷底，可以说，中国足球运动的发展进入一个冰冻的局面。

（三）快速发展阶段

2009 年 4 月，国家体育总局和教育部基于提高中国足球运动的整体水平和增强学生体质的目的，联合下发了《关于开展全国青少年校园足球活动的通知》。通知中要求布局城市的各中小学校通过广泛开展校园足球活动，建立和完善从小学到大学的各级比赛，在青少年学生中普及足球知识和技能，形成一种校园足球文化，从而培养全面发展、特长突出的青少年后备人才。该通知及其《全国青少年校园足球活动的实施方案》对于开展全国性的青少年校园足球活动的指导思想、工作方针、组织机构、各级足球联赛的开展目标、入选学校的条件和要求、经费管理等事宜都进行了明确。同年，国际足联（FIFA）在全球范围内首次推出"草根足球发展计划"，在这一计划中，也纳入了我国面对广大中小学生的足球普及工作。2009 年 5 月，国家体育总局经研究决定，每年从向社会募集的体育彩票公益基金中提取 4000 万元，作为开展校园足球活动的专项经费，用于对从业人员进行培训、补充运动器材、增加联赛设施、学生保险、组织训练营和足球节、场地建设以及宣传推广等项目的专项支出，为校园足球良好的发展提供了强有力的资金保障。2009 年 6 月 10 日，是毛主席题词"发展体育运动，增强人民体质"57周年纪念日，在这一有纪念意义的日子里，国家体育总局和教育部两部委联合举行了全国青少年校园足球活动的启动仪式，并成立了相关领导机构——全国青少年校园足球活动工作领导小组。全国校园足球工作的目的是推动体育与教育相结合、共同发展提高青少年足球运动水平、建立校园足球文化，以班级、校级联赛的形式为主，以培训青少年足球运动员为目标来开展校园足球活动。2009 年 10 月 14 日，全国青少年校园足球活动的小学、初中联赛在青岛拉开帷幕。刘延东同志（时为中央政治局委员、国务委员）出席开幕式并为全国首批 44 个校园足球布局城市授牌，她在足球工作座谈会上还做了重要讲话。2009 年 12 月 21日，为了表彰中国体育和教育部门对全世界足球事业普及所做出的贡献，国际足联授予中国足协"足球发展奖"。

2010 年 6 月 9—10 日，全国校园足球论坛在杭州举行。同年 12

月，在大连举行了全国青少年校园足球工作座谈会，时任国家体育总局局长刘鹏、教育部副部长刘利民、国家体育总局足球运动管理中心主任韦迪等都做了讲话，明确了下一阶段校园足球工作开展的重点和方向。

2011 年 7—8 月，中国足协在青岛、成都、香河、潍坊、秦皇岛和西宁和清远等试点地区进行了 10 期男女足夏令营活动，其中男足 6 期，女足 4 期，共计 1588 名小学生在此次夏令营接受了培训。这一系列校园足球活动的开展，为提高我国青少年足球运动水平打下了坚实的基础，也提供了一个难得契机。

2015 年 6 月 25 日，"奥瑞金 2015 国际青少年校园足球教育与发展论坛"在北京师范大学开幕。教育部、北京市教委、中国大（中）学生体育协会的有关负责人，西班牙、荷兰、德国、法国和中国的足球界人士，以及国内百余所大、中、小学的足球人士约 300 人参加了此次论坛活动。

2016 年正值中国工农红军长征胜利 80 周年，借此契机，全国青少年校园足球工作领导小组以校园足球为主题，在全国开展了"校园足球新长征"大型宣传推广活动，这一活动从 5 月持续至 12 月，项目覆盖全国 31 个省（区、市）和新疆生产建设兵团，活动旨在促进学生身心健康，为小球员们提供了足球发展成长土壤，并为校园足球创造良好的群众基础和发展环境。

2017 年，印发了《关于做好 2017 年全国青少年校园足球教学竞赛相关工作的通知》，组织开展 2017 年全国青少年校园足球竞赛工作。精心筹划，认真组织 2017 年全国校园足球夏（冬）令营活动。规范竞赛管理，加快推进稳定规范的赛制建设，让校园足球特色学校的校内比赛、市内联赛成为常态化赛事。出台《高校高水平运动队建设管理办法》，建设和完善以城市足球竞赛为龙头的高校高水平足球队竞赛体系。开展普通高校足球专业学院建设的调研工作。

2018 年 2 月 1 日，全国青少年校园足球工作领导小组办公室发布了《全国青少年校园足球工作发展报告（2015—2017）》，介绍了 2015 年—2017 年校园足球工作的主要做法、成效和经验，当前校园足球工作存在的突出问题以及今后校园足球工作的发展规划。三年来，教育部通过打牢普及根基，构建"特色学校＋高校高水平足球运动队＋试点县（区）＋改革试验区""四位一体"的校园足球立体推进格局。

2021 年 4 月 22 日至 23 日，全国青少年校园足球工作研讨活动在北京举行，部署新时代全国青少年校园足球工作高质量发展相关任务。

会议认为，通过大力推动全国青少年校园足球特色学校建设、构建完整的校园足球竞赛体系、打造校园足球"满天星"训练营和夏令营竞赛体系，校园足球工作实现不断改革创新。会议指出，下一步，青少年校园足球工作的开展要将"教会、勤练、常赛"有序衔接、统筹推进，形成"一体化设计，一体化推进"的整体工作思路，建设覆盖全面的"新型足校"。要立足学校体育改革，推进校园足球特色学校与体育传统项目学校有效整合，积极发挥新型举国体制优势，开辟一条在国民教育体系里面培养优秀足球后备人才、优秀竞技体育人才的通道。要以校园足球为先导，加快推动校园足球"满天星"训练营和新型足球学校建设，构建中国青少年联赛平台，让竞技人才选拔和培养方式更加丰富多元。

二、全国重点区域、重点城市校园足球的具体发展状况

国家体育总局和教育部于 2009 年共同组织和开展了全国青少年校园足球活动，首批挑选了 44 个布局城市来逐步建立小学、初中、高中和大学的四级联赛体系，为中国足球大补基础。目前，我国很多地方的校园足球工作开展得非常成功。例如，江苏省，十几年前，当全国都在搞职业化，把青少年足球推向市场的时候，他们的工作却因为更多依靠政府、体育部门支持的模式显得相对滞后，为此，当时还曾受过批评，但现在看来，他们这种模式很适合我国青少年足球的发展。现在，江苏省已经拥有了一个占地 500 多亩、3 支球队的综合性训练基地，当地的小、中、大学生联赛也有声有色地开展起来了。目前，江苏已经形成了从体教结合、球队运营、联赛组织到运动员扶植、培训、就业的综合性体系，这一点非常值得在全国范围内推广。还有上海市，以往的上海市青少年足球后备人才培养完全走市场化道路，但现在，随着全国运动会杠杆作用的越加明显，上海的校园足球已经有了相当的政策扶持力度，体教结合也有了一定成效。除此之外，武汉、大连、济南、云南等地的校园足球活动的开展也较为成功。

以大连市为例：大连市的校园足球有着优良的传统，已形成了沙河口区东北路小学、西岗区实验小学等一批享誉国内的足球特色学校，从这里也走出了数十名国脚和几百名职业球员，为中国足球事业的发展做出了突出的贡献。2010 年 3 月 25 日，大连市中小学校园足球工程正式启动，全市 148 所学校成为首批实施学校。全市将足球活动项目作为学校阳光体育锻炼内容并列入日常体育课程教学之中，各区、学校将校园足球比赛列为学校传统体育赛事，定期组织各种足球比赛，开展校园

"足球之星"评选活动，形成班班有球队、班班有球星的良好氛围。各学校均成立由校长担任组长的学校足球活动领导小组，保证活动时间和经费，确保活动的有效开展。为推进工程的顺利实施，大连市教育局制定了"足球普及校"和"足球发展校"的基本条件和标准，在具备条件的学校里率先启动该工程。例如，有"中国足球黄埔军校""足球明星的摇篮"之称的东北路小学，足球就是一个不得不提到的话题。除此之外，大连市足球活动开展得比较好的小学还有许多，如大连市实验小学、青泥洼小学等，如果全国的学校都如此，那中国足球肯定大有希望，尽管这还需要一个漫长历程。

上述的校园足球能够叫响全国，主要有以下几方面的原因：第一是赢得了上级领导的重视；第二是教育部门和体育部门密切合作；第三是得到了青少年家长们的支持。在学校中开展足球活动，要让青少年学生了解足球知识，传承足球文化，提高水准，拓宽视野，掌握一门技能，更重要的一点，是要让青少年学生在成长过程中能够有所收获。足球不仅成为阳光体育活动中一个重要组成部分，它还是班级之间、年级之间以及学校之间互动交流的纽带，推进校园足球运动，就是让青少年学生娱乐健身，培养他们的意志品质和团队意识，进行公平竞赛。搞校园足球并不是单纯地把学校足球当成足球后备基地。推广校园足球运动，更重要的是让青少年学生从中体会到足球带来的快乐。至于将来如何发展，伴随着青少年学生的成长，兴趣、运动水平自然决定他未来的走向，校园足球也是素质教育中一个重要内容。

第二节　我国校园足球发展中存在的问题

虽然近几年，我国校园足球的发展取得了一系列瞩目的成绩，但在实施过程中还面临着多重问题和挑战。从我国校园足球的发展现状来看，开展校园足球活动的认知差距、资金投入不足、场地严重缺乏、政策保障不足、基层教练员数量萎缩、运动水平不高等问题普遍存在，广大青少年学生参与足球运动的需求还得不到有效满足。

一、开展校园足球活动的认知差距

2019 年，全国拥有中小学 38 多万所，但仅有约 2.7 万所学校开展了校园足球。这里有客观条件原因，更有主观认识原因。足球是一个高强度对抗的集体运动项目，有的学校和家长担心学生在对抗中受伤，更担心学生因为踢足球而影响了其文化课的学习，以至于考不上理想的中学、大学。另外，在小学开展校园足球活动是"发现苗子培养足球人才"，还是"让足球运动成为学生终身受益的活动方式，培养身心得到健康、全面发展的学生"，也一直在体育界存在争议。认知不同必然会带来行动上的差异。校园足球无论是以"发现苗子，培养足球人才"的姿态出现，还是以"让足球运动成为学生终身受益的活动方式，让校长和家长得到健康、全面发展的学生"的面目出现，遭遇的结果可能都只有一个：为不影响升学率而忽略了足球运动的发展。

二、资金投入不足

从 2014 年到 2019 年，五年的时间里校园足球逐步构建了"特色学校＋高校高水平足球运动队＋试点县（区）＋改革试验区＋'满天星'训练营""五位一体"的校园足球立体推进格局。目前，已在全国 38 万所中小学中遴选认定校园足球特色学校 27059 所，设立校园足球改革试验区 38 个，遴选校园足球试点县（区）160 个，布局建设"满天星"训练营 80 个，招收高水平足球队高校 181 所。制定全国校园足球特色学校基本标准，面向近 2000 万在校生每周开设一节足球课、组织课余训练和校内联赛。在资金投入方面，中央财政累计投入 8.98 亿元校园足球扶持基金。虽然这是个不小的数字，但对于在全国范围推广校园足球来说，这点钱只能起到引导、资助、奖励和基本保障的作用，要想校园足球在我国实现突飞猛进的发展，还需要各省区市的支持与合作。

三、活动场地严重缺乏

从我国校园足球的发展现状可见，我国足球活动场地的严重缺乏已经成为制约其发展的主要问题之一。目前，社区场地贫乏、教育与体育部门的场地开放不足等问题都直接制约了我国校园足球活动的开展，因此，必须努力扩大足球场地的数量。另外，场地费用的高昂又成为制约青少年校园足球发展的一大因素。国内较为正规的足球场地很少，而且多数集中在大学校园。

四、政策保障不足

当前我国校园足球的发展，不但存在着有政策但未落实的现实问题，而且也存在着缺少政策规定的实际问题。如将校园足球体育教师的业余训练和比赛时数纳入其工作量，予以工资补助，将体育教师的校园足球指导员培训纳入继续教育学时的政策，结果是只有部分城市执行了。更重要的是，如何解决好"体教结合"依然是困扰校园足球发展的老问题。"校园足球"活动由国家体育总局和教育部联合发文进行推广，"校园足球"活动的推广也需要地方体育局和教育局联手进行，但从目前的情况来看，其推广效果还不是很好。例如，某个学校的老师带领球队得到了市青少年足球比赛的冠军，但在把奖杯拿回学校后，却得不到校方的承认——"校长说这是足协举办的比赛，而学校的主管部门是教育局。"可见，师生的努力并没有得不到校方的肯定。教育部门管学校，体育部门管竞技，对于搞好"校园足球"而言，两大机构的联手本来是很好的，但属于不同系统的两个行政部门如何搞好分工合作，整合资源使出合力，还需要有一套切实可行的联动机制。而目前，校园足球的主管部门是教育部门，起主导作用的是各省市教育局，体育部门只是起到业务指导作用。在校园足球中"两条战线"的关系不理顺，校园足球的未来发展很难得到有效保障。

五、基层教练员数量不足且水平不高

长期以来，足球教练员工资较低，这成为其数量严重不足的一大原因。校园足球的推广尽管在一定程度上增加了参加足球运动的学生数量，基层教练数量不足的问题却又暴露出来。并且，很多学校里足球专业毕业的体育教师不多，经验不足，只能摸索着带学生练习，进行启蒙式的教学，又缺少相应的教学辅助材料，一些不规范的教学就成了训练或比赛中的安全隐患。虽然以全国青少年校园足球活动为契机，中国足协搞了多期校园足球指导员、讲师培训班，但这远远无法满足我国基层教练员的需要。因此，这就成为制约校园足球活动开展的另一瓶颈。

六、校园足球运动的整体实力偏弱

我国校园足球基础薄弱，与强队相比，我们的队员不管是从力量对抗还是个人技战术方面都存在着较大的差距。这主要表现在：第一，基本技术水平较低，还没有形成与强手对抗的能力；第二，战术意识模糊，缺少必要的支持与配合；第三，吃苦耐劳的意志品质欠缺，勇于拼搏、敢打硬仗的精气神不足，影响技战术水平的发挥；第四，缺乏优秀的足球尖子人才，在赛场上没有核心和灵魂。因此，想要赶上和超过足球发达地区的水平绝不是一朝一夕的功夫，需要大家坚持不懈的努力。

七、提高校园足球的关注度

当前，中国足球的一个最大问题就是足球运动水平长期徘徊在较低层次。要解决这一问题，必须调动、团结社会各方力量。前面我们已提到，青少年足球运动员匮乏的情况不只是体育部门和教育部门的问题，想要提高中国足球运动的水平，最主要的就是后备人才培养，因为它对提高国家足球队的水平和成绩的意义是不言而喻的。然而，社会各方对校园足球活动的关注度还是很低。只有让青少年校园足球活动融入整个社会大发展之中，让足球运动真正融入青少年学生和普通大众的生活，才能解决这一问题，这同样也是开展校园足球活动的重要的目标之一。

八、区域不均衡，布局不合理，不能过度集中

各地发展不平衡，活动开展的体制还不够健全。至于校园足球活动的开展模式，现阶段还处于探索期，时至今日，我国仍未建立稳定、切实可行的发展校园足球的完整体制，更不用说建立一套培养我国青少年成才的有效的体系和方法。在校园足球开展过程中由于各省市、各地区的开展情况不一，从而导致各地区校园足球活动发展得不平衡的结果。

第三节　我国开展校园足球的对策与建议

一、校园足球要立足长远

校园足球的开展要立足长远、要追求实效。2020 年，经有关单位自主申报、省级教育行政部门审核推荐、专家遴选与公示，教育部认定并命名全国青少年校园足球特色学校 3663 所、全国青少年校园足球试点县（区）41 个、全国青少年校园足球"满天星"训练营 30 个和全国足球特色幼儿园 2710 所。这些布局学校所在的城市，在经济、场地、水准等各方面都有着或多或少的差异，但并没有影响其足球运动的发展。校园足球的发展不在于条件的好坏，而在于其水准、策划、努力程度，最为关键的是要追求实效，不搞形式主义。

要扎扎实实地研究开展这项活动的实效，目的是怎样在学校中开展好足球运动，让青少年学生了解足球，对足球的认识达到一个更高的水准，更宽的视野。只有把根基夯扎实，足球运动普及了，踢球的人多了，才能发现人才，最终提高我国足球竞技水平。

（一）因地制宜，加强场地建设

我们在开展校园足球的时候要充分考虑学校现有的场地和器材情况，一定不能盲目，否则会使得校园足球在实际开展中困难重重，造成许多不必要的浪费。我们要根据实际情况逐步扩大校园足球开展的范围，国家每年都要有计划地增加校园足球活动的城市，各城市也要每年有计划地增加校园足球开展的学校。星星之火，可以燎原，我们始终相信校园足球运动也会在中国大地上茁壮成长。另外，国家要增加经济方面的投入，加强场地建设，让学生有地方可以踢球，这也是校园足球活动得以顺利开展的保障。

（二）提高师资力量，加强教师培训

校园足球的开展离不开专业的足球教师和教练，要想让校园足球的运动更好地开展，就必须切实提高学校体育教师的教学和技能水平。提高师资力量的途径主要有三种：第一，将体育教师通过培训和交流等方式送出去；第二，将年轻的体育教师通过选调和招聘等手段引进来；第三，聘请高水平的足球教练员。只有师资力量强大了，足球运动水平才能跟着上去。既然我国开展校园足球比较晚，那么我们就应该提高层次，就应该将一些足球专业运动员分配或聘请到中小学中去，让他们能够将其专业的足球技战术传授予青少年学生。这样不仅提高了足球的普及水平，而且还解决了专业退役运动员的就业问题，一举两得。

（三）时尚体育与传统体育并存

任何事物都有正反两面，因此，我们不能全盘否定或者全盘肯定一件事物。时尚体育有可取之处也有不足之处，我们在引进时尚体育的同时不能完全摒弃原来的传统体育教学。与传统体育相比，时尚体育更强调体育的参与性与趣味性，而忽视体育的竞技性。为了使时尚体育能够更好地与传统体育相结合，可以将时尚体育引入到体育课的准备活动和整理活动当中，使得体育课更有活力，也可以根据学生的兴趣组建体育兴趣小组，既延长了学生的体育锻炼时间也为学生养成终身体育锻炼习惯奠定了良好的基础。

因此，校园足球活动的开展并不是否定其他体育运动，足球要与其他体育运动共同发展，共同承担起素质教育的责任。

二、校园足球活动要纳入素质教育的范畴

　　足球可以说是世界第一大运动，在我国也拥有很多的足球爱好者。推广校园足球可以形成浓厚的校园足球氛围，吸引更多的青少年学生参与足球运动，使他们掌握足球运动的基本技能，提高他们的运动兴趣，培养学生勇于竞争拼搏、团结协作的品质。推广校园足球活动能够进一步深化学校阳光体育运动的开展，让更多的学生自觉、自愿地加入校园体育运动的行列。推广校园足球活动是要让学生从运动中体会快乐，随着自身成长，兴趣、运动水平决定他们的走向，而非一定将他们培养成足球明星。校园足球也承担着促进学生健康、培养学生情商、培养学生合作与竞争意识等责任，这与教育的目标和任务是不谋而合的。对于学生而言，不能只要求他们考出好成绩，还应该让他们拥有健康的体魄、完善的人格。因此，应该让校园足球主动参与教育，成为素质教育中不可缺少的一部分。校园足球带给学生的应该是快乐，足球不能成为一种负担，而是生活和学习的促进剂。校园足球开展的最主要目的就是要让学生快乐地踢球，让学生感受到运动的乐趣，如果做到这一点，好球员自然会涌现出来。一切都应该是个自然的过程，这应该是校园足球开展的真谛。

三、校园足球要重视宣传

　　国家的政策需要媒体的大力宣传，更需要部门主要领导的高度重视，没有部门领导的重视，再好的政策也会变成空谈。校园足球这项工作是否成功开展，关系到青少年学生的健康成长以及其兴趣的培养。我们要善于利用宣传工具，掌握宣传知识，大力推广校园足球。政府部门要通过报纸、电视、媒体和网络等媒介，大力宣传校园足球的主张、目的以及意义等内容，吸引更多的学生喜欢足球这项运动并积极地参与到校园足球中来。我们推广校园足球就要注重宣传，凡是不注重宣传，最后的效果肯定不佳。社会发展至今，显然易见，世界上发达国家中的一流的公司，都是非常注重宣传的，足球运动也不例外。因此，必须要通过宣传和普及足球知识，激发学生对足球的兴趣，为学生提供一个健康和快乐的足球舞台。教师一方面要呼唤学生的主体意识；另一方面，也必须改变那种严师授道的传统，在教学中应与学生融为一体，形成一种伙伴型、合作型的关系，让更多的学生参与这项运动。

四、校园足球要得到各方面的支持

足球运动深受学生喜爱，但我国大多数学校因受到场地、师资、资金等各方面因素的制约，校园足球活动因此受到很大的影响，导致足球运动在青少年学生中的普及程度较低，以学校为基础的足球人才培养体系还没有建立和完善起来。为了促进阳光体育运动的开展和落实国家体育总局和教育部 2009 年 7 月联合下发的《关于开展全国青少年校园足球活动通知》的要求，全国各地体育、教育部门积极响应，并成立地区校园足球工作领导小组，可以说，校园足球在有条不紊地进行着。

推广校园足球活动要取得各方面的支持。各地市教育行政部门应进一步提高对校园足球活动重要意义的认识，按照《关于开展全国青少年校园足球活动通知》的要求布置本地区的校园足球活动工作。加大对足球运动场地设施建设、师资建设的投入，建立本地校园足球示范学校，以取得开展校园足球活动经验，并大力在本地学校中推广。对各个学校的体育教师进行足球教育教学培训，提高他们的足球基本技能、足球教学以及组织足球比赛等方面的能力，为校园足球活动提供必要的师资力量。各学校要根据学校校园情况，尽量为学生提供安全的足球运动场所。校园较小、无足球运动场地的学校，要积极协调学校周边的社区运动场地，实现运动场地资源的共享。在校园足球的开展中，如经费、师资等问题困扰着学校，也阻碍着足球运动开展的脚步，所以，校长的参与是做好这项工作的重要一步。还有，班主任的支持，在班会上大力鼓动学生参与到足球运动中来。除此之外，家长对足球的理解和认识，更是做好此项工作的重要环节。

第三章　建设体育强国背景下校园足球文化的价值与构建策略研究

第一节　校园足球文化的内涵解析

一、足球文化的概念与作用

（一）足球文化的概念

足球文化是一种复合体，它由足球运动主体所创造的不同形态的特质构成，是世界各地域人群在足球活动中，围绕本体特征进行总结、创新和发展，最后形成的各种有形与无形的、物质与精神的、内容与形式方法的总称。

足球文化与文化一样具有显性的一面亦有隐性的一面。足球文化显性的一面是指足球运动的基本表现形式；隐性的一面是指足球氛围、思想道德、人际关系等，显性、隐性两方面相互作用。正因为足球文化有这种性质，足球运动才能在大学校园这个传播知识的环境中生根发芽，同时，足球运动在具有深厚文化底蕴的大学校园中也能得到蓬勃发展。

（二）足球文化的作用

1. 培养团结意识、拼搏精神

足球运动是一项身体对抗性强，身体接触密集的集体项目，它要求参与者必须具有顽强拼搏、艰苦顽强的意志品质和相互协作的团队精神。参与足球比赛的学生，能潜移默化地使学生的思想政治、道德行为、个性心理素质得到有效的提升。有助于培养学生热爱祖国、热爱学校、遵守纪律和相互协作的团队精神，增强坚毅勇敢、攻坚克难和勇于拼搏的意志品质。

2. 提高自身的素质

通过对足球文化的不断学习，有利于培养学生自身的文化素养。提高学生对足球技战术及教练意图的理解。加强个人的思想道德在人性上的培养，人与人之间关系的和谐及社会健康的发展。

3. 足球文化的意义

学生通过对足球文化的学习，有利于树立正确、扎实的体育道德观念；调动学生对知识追求的积极心态，形成主动运动的习性，形成良好的体育道德行为风尚。同时，学习足球文化可以使学生了解更多的足球和体育知识，对世界先进的足球理念有一个更清晰的认识，建立和实现自己的体育目标，在实现目标的同时使自己的身心得到更多的快乐，从而放松了心情。在足球比赛中，将自己的拼搏、守法、团结、创新的体育精神体现出来，在足球运动活动中，将集体主义的品质、公平竞赛的体育道德完美地体现出来。

二、校园足球文化的概念与作用

（一）校园足球文化概念

为贯彻《中共中央国务院关于加强青少年体育增强青少年体质的意见》的精神，响应教育部、国家体育总局的号召，全国大、中、小学校广泛地开展阳光体育运动，以增强学生体质，培养青少年拼搏进取、团结协作的体育精神为宗旨，以普及足球知识和技能，逐步提高学生们足球技战术水平为目的，在校园开展足球活动并逐步构建体教结合的青少年足球后备人才培养体系，这些统称为校园足球。

笔者认为，学生参与校园足球文化可以培养学生了解足球娱乐性质，并参与其中。学生精力旺盛，而校园足球正好是一个让他们尽情表现、释放能量的一种方式。

（二）校园足球文化的作用

1. 提高生命的运动能力

足球运动是一项运动强度较大的综合性集体运动，在运动过程中主要以脚支配为主，且包含多种身体运动形式，如跑、踢、跳、顶等。经常参加足球运动，可以活跃身心、增长知识，对人的身体健康，以及综合能力有很好的推动作用。同时，在进行足球运动时，人处在不断跑动的过程中，能够使人体机能、综合素质得到全面提升，从而提高人的生命运动能力。

2. 培养健康心理，提高社会适应能力

足球作为世界第一大运动，在与足球相关的活动中含有丰富教育因

素的内容，经常参与足球运动有助于缓解工作压力，在良性的竞技运动环境下锻炼自身的心理适应能力与承受能力，运动参与者能及时调整和维护自身心理健康水平，有效地解决因高效率和快节奏限制了人们相互交流与了解的问题。同时，由于足球是集体性项目，通过比赛可以增进人与人间的交流，培养自身的团队意识，有助于参与者处理好个人与集体、竞争与合作的关系。

3. 促进个性的发展和完善

学生在足球的练习和比赛过程中，使自己的自信心、意志力、约束力等方面得到了良好的发展，培养了团结合作、文明自律、努力拼搏和积极向上的精神。

4. 促进创新能力的培养

足球活动是一项不断创新、向前发展的活动，足球的技术、战术有其自己的原理和规格，但每个人的技术、战术表现出的风格是不同的，由于对技术、战术的表现没有标准的模式，因此每个人、每支队伍对于足球技战术都有自己的见解。足球赛场上瞬息万变，为争取比赛主动权，参加比赛者必须在赛场上快速做出准确的判断及行动，而这一切都需要参赛者用自己的机智和智慧来应对在比赛中出现的问题，不断在运动中提升自己的创新能力。

（三）校园足球文化的意义

学生在参与足球活动的过程中可以更了解校园足球制度化、法制化、和谐化和品位化等足球运动的本质。通过参与足球活动，学生能够更加清楚的了解足球的理念，并从中找到足球运动的规律。文化是传播知识的一个载体，是足球活动不可或缺的内在因素，通过这个载体，能使校园足球的文化朝着更加美好、更加长远和更加健康的目标发展下去。

（四）高校校园足球文化

高校校园足球文化是足球文化和校园足球文化两种文化交汇而成，有着自身独立的文化体系。

1. 高校校园足球文化概念

高校校园足球文化的概念也分为广义和狭义两种。广义的高校校园足球文化泛指高校校园内一切与足球相关的活动，如以足球为教学内容的体育课程、校园足球比赛、足球沙龙讲座、足球游戏、足球啦啦队、国内外的足球赛事转播以及相关足球信息的传播等；狭义的高校校园足球指的是各高校之间的大学生足球比赛。

高校是学生个性自我展示的一个平台，参与足球运动可以使学生的个性得到充分的释放，还能让他们了解足球的本质并体验足球所带来的快乐。

2. 高校校园足球文化的作用

（1）培养学生团结合作的精神

足球是一个集体性项目，它与网球、羽毛球等球类项目不一样。它更加强调整体性和纪律性，依靠整体的努力和技术、战术发挥，显示出"1+1＞2"的战斗力。通过对足球文化的学习，学生可以更加了解足球这项运动的特点，可以有效地培养学生相互协作的精神。

（2）培养学生的积极性、主动性和创造性

学生通过了解和学习足球文化，能够建立更清晰的足球理念。在足球比赛中，充满着知识性、竞争性和挑战性，通过比赛，学生的意志品质能够得到很好的锻炼，使学生的积极性、主动性和创造性得到充分发挥。

（3）提高学生自身约束力

足球是一个集体性项目，而高校校园足球文化是规范化的一种群体意识，它可以通过具体表现形式渗入学生的心里，构成群体认可价值和行为标准，而且给予学生正确的引导，提高学生自身的约束力。

（4）有利于大学生更快地融入社会

中国大学生足球联赛在市场运作中得到了推广。大学生足球联赛是社会各界参与和关注的载体，通过联赛的举行，大学生可以对社会有一定的认识，为大学生更快地融入社会和缩短与社会生活的距离提供了帮助。

3. 高校校园足球文化的意义

高校校园文化的学习可以加强大学生之间的交流与学习，形成积极向上的当代大学生精神风貌，营造浓厚的文化学习氛围，推动体育文化事业的健康发展，打破社会与学校的阻隔，把足球这项运动推向全社会，使足球事业的影响力再上一个台阶，足球文化对于高校有着深刻、持久的影响。每所高校应积极开发和利用参加足球活动人数众多、场地设施完善的优势，挖掘高校足球运动产生的巨大影响，推进高校校园文化建设。

三、体育强国视域下的足球文化自觉

从足球改革的成败和得失回看中国足球，与其把足球简单地看成一项身体运动，还不如把它理解为一种社会文化，足球运动是"社会文化的表现形式，它的发展要受到社会文化氛围的制约和影响"。因此，对足球的改革要从足球文化的革新开始，这种从足球文化进行改革取得的成效可能要比从单方面改革要更好一些。足球文化自觉是足球文化发展的内在规律，足球文化自觉对于理解中国足球文化现状、增加足球文化自信、实现足球文化繁荣有着十分重要的价值。

（一）对足球文化有"自知之明"是出发点和立足点

足球文化自觉是对我国足球文化的自我反省和自我觉醒，也是对未来足球文化进行创新、创建的一个过程。足球文化的"自知之明"是对足球文化认识的出发点和立足点。如果对我国的足球文化没有"自知之明"，就难以对我国足球文化的过去和现在的状态有清晰地认识，更谈不上足球文化的未来，对足球文化的特色和足球文化的将来发展趋向有独到的禅悟，对足球文化有"自知之明"是为了应对我国足球文化的转型过程中能够有更强的自主能力，在足球运动未来的发展中具有强大的生命力。

在足球文化的"自知之明"过程中，对我国足球文化的"传统"与"创造"的理解十分重要。因为足球运动的发展受到挫折，就有人会否定我国足球文化的"传统"地位，从而否认我国足球文化"传统"的存在。事实上，我国足球文化离不开"传统"，任何一种文化离开"传统"均会消亡，因此，不能简单加以全盘否定，足球文化的"传统"会解释我们为什么这样生活？这样生活的意义是什么？今后如何发展下去？同样，足球文化需要"创造"，因为足球文化离开了"创造"，足球文化的"传统"将会失去活力，同样会被其他文化所替代，从而失去自我，只有不断"创造"，才能赋予"传统"以生命。因此，认清足球文化的"传统"与"创造"的关系是我国足球文化有"自知之明"的现实表现。

通过对我国足球文化建构的反思，从足球文化的物态、制度、行为和心态等方面进行全面的理解与对比，以达到对我国足球文化的深度理解。足球文化的建构过程是艰巨和痛苦的，它从接触、发生冲突、形成嫁接到最终融合的过程是一段曲折的经历。我们从俄罗斯足球文化改革和足球体制改革过程中就能发现足球文化建构的艰巨性。改革之初，俄罗斯足球超级联赛与中国足球联赛一样出现了假球、黑哨、球市低迷现象，后来通过重视青少年足球、打造足球品牌、重视球迷文化建设、淡化国家队的成绩、转变政府职能、对足球科学发展进行规划等一系列的措施，最终实现了在区域足球的话语权。由此可见，对我国足球文化的反思，不仅要从竞技足球方面进行反思，而且要从足球文化的各个方面和较深层次进行反思，从而有针对性地对我国现时期的足球文化现状中的诟病进行革新，处理好"治标"与"治本"的关系，通过对传统和未来足球文化发展趋向的考察，建立符合中国现状和实情的足球文化，做到"标本兼治"，以实现足球文化地位、品质的提升和我国足球文化的自我突破。

（二）确立发展方向是必然选择

对我国足球文化进行反思的目的是为了实现我国足球文化的发展，因此，在文化自觉的过程中确立足球文化的发展方向显得十分重要，而足球文化的方向是回答"向何处走？""走什么样的路？"的问题。

1. 在传统足球文化基础上实现足球文化转型是我国现代足球文化发展的方向

对我国足球文化有"自知之明"是在理清我国足球文化脉络的基础上建立符合我国国情和特色的足球文化。足球在我国有深厚的文化土壤，据考证，古代足球起源于中国。我国古代的"蹴鞠"游戏就是足球运动的最早雏形，后来传到欧洲，最终在欧洲实现了古代足球向现代足球的演变。中国近代足球的发展和取得的成绩在世界上也名列前位。在近代中国，有着浓郁的足球文化氛围，开创了"技术细腻、短传推进、边线进攻"的中国式足球技术、战术风格。在亚洲，近代中国足球取得过不菲的成绩。即使现代我国的足球也是不甘落后，在举国体制之下，努力赶超世界足球运动水平。在足球文化建设上，有许多经验，更有许多教训，这些均是我国足球文化实现自我超越的宝贵财富。在传统足球文化基础上实现足球文化转型是我国现代足球文化发展的方向。要对我国的足球文化进行革新，就必须对我国现有足球文化进行转型，建立新型的足球文化。生活在足球文化中的人们都依赖它所生存的物质和精神基础，生活在人与人组成的社会之中，由于世界各地的足球文化的发展，我们赖以生存的文化基础必须也要适应新的动态环境，对足球文化进行转型不可能完全推翻过去足球文化的物质和精神基础，只能在此基础上对其内部结构进行改良和革新以实现足球文化的转型，创立新型的足球文化。我国在理清足球文化建设的脉络基础上，在物态、制度、行为和心态四个层次上进行突破和创新，以建设新型的足球文化，实现对我国传统足球文化的转型和创新。

2. 借鉴外国足球文化精华，树立以中华民族精神为核心的足球文化是我国足球文化发展的重要价值取向

费孝通先生曾经说过："文化自觉是一个艰巨的过程，只有在认识自己的文化，理解并接触到多种文化的基建上，才有条件在这个正在形成的多元文化的世界里确立自己的位置。"足球是一项世界性的运动，在世界各地形成丰富的、有地域特色的足球文化，像巴西、荷兰、英国、德国和一些非洲国家均形成有地域特色的足球文化，他们对足球的理解、足球运营机制、足球运动员培养体制以及有地域特色的球迷文化等均对发展我国的足球文化具有一定的借鉴价值。面对众多的世界足球文化，要建立属于我国自己的足球文化，必须从我国传统文化中寻找动力源，塑造以中华民族精神为核心的足球文化将必然成为我国足球文化发展的重要价值取向。在过去竞技足球改革发展中，我们有过深刻的教训，我们高薪聘请外国教练、外援，照搬外国的一些足球运行制度，结果也没能取得多大的成效。其中，有一个重要疏忽是漠视了足球在中国文化中的特殊性。用"拿来主义"的手段对待足球改革，难免要得到这样的结果。在足球的发展之路上，我们只有找到开启足球文化之门的钥匙，这扇门就会打开。要建立以中华民族精神为核心的足球文化，我们足球文化中要有自己的核心内容，这样在世界足球运动之中才能有一席之地。

（三）把握足球文化发展途径是必由之路

1. 深化教育体制改革是开启足球文化发展的钥匙

在中国，离开教育的足球文化是难以生存和发展的，深化教育体制改革是开启足球文化发展的钥匙。从 1977 年恢复高考制度以来，学生的命运已经与教育紧密联系在一起，我国的体育文化的发展也与教育紧密地联系着。近年来，随着素质教育改革的深入，人们的观点开始逐渐改变，高考不再是成才的唯一"独木桥"，这给足球文化的发展带来了很大的契机。"体教结合"一直是体育与教育结合的重要形式，足球的改革应该从体育模式的改革做起，这样才能积淀更为深厚的足球文化基础，培植更多的足球人群，形成有特色的足球文化。在这个层面上，教育体制改革对足球文化的发展至关重要，因为教育体制改革的方向往往决定着足球文化是否有培植的土壤，还决定着足球文化发展的未来。

2. 加强顶层设计是建立足球文化的政策基础

足球文化的发展依赖教育部门、体育部门和社会体育的协同努力，

单个力量难以形成合力。加强足球文化发展蓝图建设就是做好足球文化的顶层设计，取得引导足球文化发展方向最有效的路径。相关部门通过制定法律法规和足球发展的相关政策，引导足球文化的发展。在顶层设计中，制定符合我国足球文化发展的制度十分重要，建立健全的体教制度、职业联赛制度和足球运营机制中的相关法律法规，让足球文化的发展得到扶持和规制，这样才能建立起新型的足球文化体制，使得我国足球文化向着健康的道路上发展。足球的顶层设计是一个自上而下的设计过程，它是一个金字塔式的结构。顶层对于底层的影响不是直线式的，而是一个不断扩大的过程，直达足球文化人群的最底层。在影响过程中环环相扣。因此，如果顶层出了问题，一定会大面积地影响底层，因此要严格控制和做好足球文化的顶层设计，以达到预期的效果。

3. 开展"校园足球文化"的关键

"校园足球文化"是我国足球文化的基础，校园足球文化开展成功与否直接关系到我国足球文化的发展前景。在校园足球文化的开展过程中，"二长"（家长、校长）对足球文化的认识水平直接关系到校园足球的前景。如果家长对足球文化认识不足，他不让孩子参与足球运动，足球运动就是有再大的魅力、孩子有再高的天赋也会被抹杀在摇篮之中。校长对学校的足球文化更是起引导和控制作用，可以说，他们对足球的态度，决定着"校园足球"文化建设的好坏，"二长"手中决定着我国足球文化的未来。

4. 改革足球体制

对我国足球文化进行革新就要深化对足球体制进行改革，这是推动足球文化发展的综合动力。通过对国外足球体制的考察和国内足球市场的现实评估，打造优良的足球运营平台，以校园足球为基地、商业足球为动力、社会足球为支撑的足球文化平台，创造性地为我国足球的发展提供综合的动力，从而，建立新型的足球文化。

第二节　校园足球文化的价值与构成

一、校园足球文化的价值分析

（一）校园足球文化的价值本质

我们需要从足球运动的文化价值存在的基础来理解足球运动的文化

价值本质，也就是说，当一种足球运动文化形成了，并且这种文化有了价值，这一定是人与足球运动相互作用的结果，也是文化作用的结果，所以，我们需要从这种文化中去寻找文化的本质。前面提到过，文化是在实践的基础上形成的一种主体意向。价值则是在文化基础上的实践所产生的关系，因此，我们可以根据实践关系对价值本质进行探究。

1. 足球运动实践的主体尺度

马克思说人的"本质力量的性质"所规定的尺度，即"人的内在尺度具体是指作为人的自身结构、规定性和规律，包括人的需要、目的性及其现实能力等"。在人与足球运动实践关系中，人的尺度就是价值尺度，它对于足球运动的文化价值现象的本质和特征起着决定性的作用，可以说它就是价值的根源。不管是谁作为这种文化的价值主体，都有其特有的规定性和规律，其特有的规定性包括运动、参与、欣赏、社会性和意识等。这些规定性通过足球运动文化发展的各个时期表现出来的过程，就是人们通过足球运动实践、比赛、娱乐和传播等来满足自己需要的过程，在这个过程中所遵循的就是人和足球文化的固有规律，即文化实践规律。

足球运动经过长期发展形成一种文化，足球运动的价值就从文化的积淀中体现出来。足球运动的文化价值不是一个实体范畴，它不表示人与足球运动以外的第三种实体，不能被理解为一种独立的存在物，它同时也不是校园足球文化内在属性范畴，在孤立的人或足球运动身上都不存在着"价值"这种属性。价值是在实践基础上的一个关系范畴，它必须在这种实践关系中产生，是其实践关系和相互作用的结果。足球技术动作并不是足球运动的属性，而是人与足球相互作用的结果，对抗性也不是人的属性，而是以球为中心，人与人相互作用的结果。但是，这种结果需要以主体的尺度为前提，主体的尺度表现为人的需要、目的性及其现实能力等，人必须从自身的内在尺度出发与对象发生实践关系。在这里，作为主体的人有自己的能动选择性和意识判断，只要作为主体的人不参与、不选择或不对客体产生意识判断，那么对于客体来说，它永远不可能产生价值。

在作为主体的人和校园足球文化的实践关系中，起决定性作用的是作为主体的人。因此，校园足球文化与人的内在尺度相互作用的结果才是价值作用的体现。但是，需要注意的是，人的尺度是有限度的，校园足球文化的内在质和量也是有限度的。当足球运动被用作政治、经济等手段时，政治、经济功能并不能代替或充当足球运动的文化价值属性。这是因为，足球运动本身的结构和规定性是有着质和量的限度的，无论足球运动与任何事物相互作用、产生关系，它都只能在这个限度内表现自己，如果超出限度，就无法与作为主体的人达到统一。如果没有明确这一点，认为足球运动在任何关系中都能够获得人所需要的属性，就会形成错误的价值思维。

2. 足球运动实践的价值客体

正因为校园足球文化有某种客观属性，它才能够形成价值，且它的属性是形成文化价值的客观前提、必要条件和要素。虽然我们强调价值不是客体的属性本身，但这并不是对客体的存在或客体属性在价值形成过程中的地位的否定。"巧妇难为无米之炊"，足球运动作为这种文化中的人"满足自己需要的资料"，一直是非常有必要的。但是前提不是结果，形成价值的原因和条件也不能等同于形成的价值本身。足球运动作为一种文化活动是具有可塑性和可创造性的，因此，不能将价值当成足球运动本身的属性，而应该把校园足球文化属性看作是产生价值的基础、条件和原因之一。

在这里所说的人对足球运动实践的客观性主要是指人所具有的不依赖于自身的主观意志的存在、本质、本性、能力、条件和活动方式等客观规定性。客观性包括学生对校园足球文化的需要、活动、实践体验等一切并非由学生的主观随意决定的表现。也就是说，客体本身就制约着主观的价值意识，以主体人的客观性为前提，由于人是有目的、有意识的，会让相互作用的内容变得更丰富、更深刻，形式更多样、更活跃，并且不会改变它的客观性实质。在这种相互作用中，学生对校园足球文化需要的满足与否都是客观的。而"满意"与否只是对客观的满足程度的意识。学生的主观性并不能取消校园足球文化的客观性。就像球迷正在观看自己喜欢的球星或球队的比赛时，球迷这种需要的满足已经是客观存在的了，但是球迷对于球星的表现、比赛的状况和结果都是无法掌控的，但球迷拥有满意或者不满意的主观情绪的权利。

（二）校园足球文化的价值特性

由于校园足球文化的主体存在差异，所以造成文化的价值特性、价值本身的特点与文化主体的特点是直接相连的。文化价值的特性是对文化主体内容的表现和反映，由于主体尺度的作用，使现实的价值具有主体间的个体性或多元性，以及基于同一主体方面的时效性等。

1. 个体性或多元性

价值是一种以文化主体为尺度的关系内容，它根据文化主体的不同表现出文化主体的特殊性和个性。因此，对于校园足球文化价值的分析是不能回避个别主体，即"这个现象对谁来说是好的或不好的"。由于文化主体普遍地存在着彼此间的差异和个性，因此在不同的文化主体之间一直存在着价值关系上的差异和矛盾。主体间有一致性，那么可以得出共同一致的答案是可能的，否则就是不可能的。

校园足球文化的价值个体性在于主体存在结构和生存条件的特殊规定性。一个主体的结构和条件是什么样的，就会和校园足球文化发生着什么样的价值关系。例如，从人类学和生物学来看，足协主席作为足球运动的组织者和文化的传播者的主体时，他就只是足协主席。球迷在人类学和生物学的意义上也是人，但是作为足球比赛的参观者、欣赏者、评论者和拥护者的主体时，他就只是球迷。无数事例证明，即使在相同的社会环境下，人们对同一校园足球文化的价值关系是不同的，而这种不同，只能用主体的不同来说明。同时在前面提到文化主体具有一定的层次性，因此文化主体层次性不能混淆，任何一个人或者群体，都可以而且必然是在一定层次上独立的主体。一个国家的足球文化强盛不能说明一个国家的每一个人都喜欢足球，一个人喜欢足球运动也不能说明他的国家的足球运动水平的高低。校园足球文化的价值这种个体性或独特性，也意味着随着主体人与校园足球文化关系的发生而发生、消失而消失，离开了具体的主体和校园足球文化情境，原来所发生的价值关系和情景也就不复存在了。

承认足球运动文化价值的个体性或独特性，就必然要承认其多元性。由于文化价值具有主体的个体性特点，因此对校园足球文化价值标准的评定以及价值表现是极其复杂的，它是多层、异向和异质的。足球运动对不同的人来说，可能是强身健体的好项目，也可能是充满了暴力的运动，各种不同的文化价值态度并非出自主体的主观意志，而是他们各自的实际情况。只要这个主体存在并且没有从根本改变，别人就无法用其他价值去取代他人的价值。譬如，各国足球的风格存在着明显的不同，并且自己国家的这些独特技术风格是其他国家所无法取代的。

从哲学角度来看，在世界无限多样性中，校园足球文化的价值多元性是其中的一种特殊情况。这里的"元"是指最终的根据、基础和标准。"多样性"包括两种：一种是"一元的多样性"，现实的多样形态之间，可以在相同的根据和基础上最终综合、统一起来。例如，巴西的足球文化就是融合了多种文化而形成的，这是巴西足球运动的文化价值的选择、综合、统一；另一种是"多元的多样性"，同是足球，在不同的国家社会当中，会产生相应的本国特色的足球文化。例如，中国足球文化与欧洲足球文化并不相同，如果要将它们统一起来，就意味着会出现"一方吃掉另一方，一方否定另一方，或一方归属另一方"的现象。这是一种在现实意义上不可能在同一基础上用同一根据来统一的多样性。一般来说，"一元的多样性"适用于一元化的主体，包括现实中的个体和群体整体等；"多元的多样性"则必然选择多元主体，包括个体之间、群体之间、个体与群体之间等。

2. 时效性

校园足球文化价值关系的个体性或独特性，是从同时态考察所看到的特性。从历时态来考察则应看到，由于文化价值关系具有具体文化主体的个体性，那么足球运动的文化价值必然会随着主体及条件的变化而变化，表现为时间上的过渡或流变形态。

校园足球文化价值的时效性是指校园足球文化的价值具有主体的时间性，随着主体的变化和发展，足球文化对主体的价值或者在性质和方向上，或者在程度上，都会随之改变。例如，古代蹴鞠起源的原因，从人们对蹴鞠实践需求的演变可以看到，主体（人）对足球运动文化发展的影响，如同儒家思想对蹴鞠的影响。足球比赛阵型 WM 曾获得了全世界的青睐，而在后来，2-2-2 阵型、2-5-1 阵型等又慢慢占据主导地位，一个新知识的获得可以起到推动思维发展的历史性作用，但当新知识逐渐变为常识以后，它的真理性不会消失，但它的科学价值和社会价值已经不再被人们所重视了。

校园足球文化价值的时效性表现为人们对这种文化价值的水准不断地改变、更新、转移和提高。这种文化价值的时效性是由主体（人）的不断发展和需要的不断增长决定的。人的需要具有不断增长的特点，每次满足都会产生新的需要，因此永远不会达到最终满足。对于未被满足的、新的需要来说，原来获得的价值就不再是价值，而是主体自身的条件。这就促使足球运动的文化具体价值显示出在时间上的有限性。这种情况，表现出来就是技术的落后、战术思想的落后、比赛阵型的过时、足球价值意识不明确等，这都是价值时效性的体现。

校园足球文化的价值时效性有两种形式，一种是文化价值的及时性或即时性，在具体的文化方面，如某些足球比赛战术只能在这一场或那一场比赛时间内有价值，或者在某个时间内有效，超过这个时间范围就不是这种价值或不是价值了；在广泛的文化方面，如在古代皇帝将蹴鞠用来作为军队训练的手段，到了南北朝时期蹴鞠的军队训练作用就失去了价值，转而成为一种民间娱乐项目。另一种是文化价值的持续性，即校园足球文化的价值对具体的主体来说存在的时间长短。例如，一场足球比赛对于运动员来说很快就过去了，而对于比赛中获得的经验及影响却能促进运动员的成长。在通常情况下，这两种文化价值的时效形式是同时存在的，只是程度不同，并且两种时效形式的分解并不明显，其实质是相同的，都显示了"一切以时间、地点和条件为转移"的辩证法则。校园足球文化的价值时效的转移有两种方式：一是"刷新式"，即新的价值推翻、取代原有的价值，像体育竞赛纪录的刷新，技战术的创新，比赛理念的创新等；二是"积淀式"，即新的价值在更大范围或更高的程度上扬弃旧价值，把它的有效成分作为新价值的因素继承和发展，使旧价值得以沉淀、升华。

（三）校园足球文化的群体融合与价值适应

一个球队新增球员，要把新球员融合为球队成员，使球员融入新球队的文化，就像民族的融合、国家的统一，也是要把不同群体或个人的心理、动机、意见、思想观念、目标追求和行为规范等协调为一个统一的整体，对此我们称之为群体整合。

群体整合包含两个过程，一个是群体对个体的整合，这多发生在小群体之间；另一个是大群体对小群体的整合，这多发生在大群体之间。不过这两种过程很难严格区分，有时候，在小群体整合中也包含着对更小群体的协调，如足球俱乐部的并购，在大学中各系的足球队合并为校足球队。同样，大群体除了各种各样的小群体整合以后，也包含着对各种小群体个人的整合。不论是哪种过程，这种整合都要求其成员在文化规范、价值意识、目标取向等方面顺从和适应群体的价值。群体整合实质上是文化的整合，也是价值意识的整合，其目的是为了使群体成员共享一种文化规范和价值观念，以便进行共同的价值判断和选择，在文化整合中，自我价值顺从群众价值，自我价值意识适应群体价值意识，谓之价值顺应。价值顺应与价值认同是一个有联系的概念，但价值顺应并不仅是一个情感或情绪的适应、认知问题，它是一个价值观念重新建构的问题，它表示着文化压力、情感和价值观念的牺牲和重新适应问题。

在校园足球文化中，一些小群体的规章制度、组织纪律和职业道德，这些规范文化对个体价值意识的整合是很有影响力的。首先，它不仅可以控制个体的行为，更可以控制个体的心理。一个人新到一个球队，总感到一种神秘气氛或一种文化压力，因此他总会小心翼翼地行事，不违背章程礼仪，说话、训练总是仔仔细细、认认真真的，尽量和其他队友处理好关系，这是一种群体文化的控制作用。它不仅可以使个体行为得到规范，而且可以使个体的心理得到认同。另外，群体规范文化本身也包含着一种群体价值，它可以帮助个体获得新的价值观念。一个人到一个新的俱乐部或球队里，最初是相关规则制度、组织纪律对他的约束，处处控制着自己异样的文化心理和价值观念，但时间久了，他就会慢慢接受该种文化的价值及其观念。当他完全顺从和认同了该文化时，他的价值意识也就自觉不自觉地被整合了，如欧洲各大豪门俱乐部中的球员来自世界各国，随着时间的推移，他们之间的技战术风格、战术思维等也慢慢趋向一致。

一个群体有什么样的文化，它就有什么样的群体精神、思想和信念。它的旨趣越高尚，目标越宏大，取向越进步，就越能包罗和容纳不同的文化，因而就越有生命力，越能整合不同的价值意识。巴西本土文化与外来文化融合成巴西"大熔炉文化"，这深深影响着巴西足球，融会贯通的巴西足球有着浪漫的桑巴舞风格，它植根于巴西"大熔炉文化"之中，并成就了巴西校园足球文化的辉煌。

一个有权威的文化群体较之没有权威的文化群体，无疑会更赢得自我价值意识的顺应。所谓权威文化群体，主要是指在较大范围具有影响力的，文化传播极其广泛的一个文化群体，它包括这个文化群体的凝聚力、智慧、能力、技术状况等。巴塞罗那俱乐部严谨的组织体系和独特的管理制度，以及球队的凝聚力，球员的足球智慧和能力，高超的技战术水平、艺术般的比赛等，都对全世界不管是不是足球迷的自我价值意识顺应有深刻影响，它本身的价值魅力吸引着全世界的人。自然，足球运动的文化群体与领袖人物的威望是分不开的，球迷有球迷协会会长，国际足联有足协主席，一个球队中有核心球员或球星等，对于文化群体的聚合力和自我价值意识的顺应十分重要，因为他是文化群体的核心，也是群体的文化象征。但世界校园足球文化的强大影响，很多群体或个体还保持着对这种文化的自我价值顺应。

（四）校园足球文化价值的反思与超越

自从校园足球文化使人产生了理性，或者对这种文化理想的理性追求，人们就一直为校园足球文化价值努力奋斗着，即使受到了不同历史条件的制约或矛盾的阻碍，人总是用自己的努力一次又一次反思并实现这种文化价值的超越。首先，从足球运动的发展历史来看，我们甚至无法说清楚校园足球文化存在的理由，但事实上它是具体的、客观存在着，我们无法追溯足球这种运动到底起源于什么时候，但可以肯定的是，它是人创造的。虽然这种文化本身具有的一定经验知识和价值思维存在不稳定性，但是，这种文化一旦被创造出来，它的存在及其价值和意义，也就不为尧存、不为桀亡，成为一个超有机体的文化就存在于社会和群体的历史活动中；其次，这种文化具有形而上性质。我们知道，世界各民族文化里存在着形而上的思考，因而也都具有某些形而上的观念，如印度文化的"梵"、古希腊罗马文化的"逻各斯"、中国文化的"道"等。把一种文化上升到价值思维的肯定形式和抽象形式，既是文化价值观念，又是哲学最高范畴，如果把校园足球文化上升到形而上的层次，即校园足球文化形而上的存在，那么校园足球文化就必然会体现出哲学的根本精神。唯此形而上的存在，唯此精神的存在，这种文化才能贯通世界各个国家和民族，才能贯穿整个历史长河。不同的民族和生存环境，对足球运动的价值思维方式不同，不同的民族文化同样构成不同的校园足球文化价值体系。它是超越个别时代、个别人而存在的。

综述上面的反思，在文化理想方面，是人们对这种文化价值体系或系统的理解和追求；在人性方面，则是人们对这项运动文化塑造伟大的人格及人生最高的价值目标的向往和认同。它是校园足球文化系统的价值取向，包含着一种价值，能够满足人们一种精神上的需要，因此它又与人的自我实现、自我超越密切相关。这种文化理想所包含的是一种普遍价值，也是一种更高层次的价值，因此，它赋予人高尚的价值观念。而且总是或多或少地包含着一些人的共同价值，表现为一些人类似的需要。为了实现这些价值或满足这些需要，就必须追求共同的价值趋势，这就必然要牺牲个体的自我或超越自我。更为重要的是，这种文化理想是高层次的价值，价值越高，它的价值趋同范围就越广，越要求人把自我的需要融合为一个普遍的价值层次，而建立起更加远大、更为普遍的价值观念。这是校园足球文化主体的一种高级自我满足，也是一种具有普遍足球文化价值的自我实现。它常常表现为一种献身精神，表现为一种献身于足球运动奋不顾身的行为，那些有染于足球运动纯洁性的腐败将不复存在。如足球教练献身于训练，足球运动员献身于比赛，足球文化传播者献身于传承，足球官员献身于组织管理等，都是对这种文化理想的追求，对人生价值的追求。从这一点我们也可以树立校园足球文化理想，然后用全部的生命去追求它。

二、校园足球文化的构成要素

在上一节通过剖析"文化""足球文化""校园足球"和"校园足球文化"概念和构成要素，笔者认为，校园足球文化主要包括物质文化、制度文化、行为文化和精神文化四个构成要素（见表 3-1）。

表 3-1　校园足球文化的构成要素

校园足球文化构成要素	足球文化的表现形式
物质文化	足球运动场地、设施、器材、咨询
制度文化	足球规程、足球教学、足球训练、比赛的制度和管理体制
行为文化	足球教学、课外锻炼、足球训练和组织足球比赛
精神文化	足球运动的行为准则、道德修养、理论体系、足球运动精神和足球氛围

（一）物质文化

物质条件在校园中是构建足球文化环境的基础与保障。校园足球的物质文化建设包括足球教学内容的选择，教学方法与器材的使用，校园足球校本课程的建设等。由于足球运动特有的实践性特质，足球文化的传递和继承以及整体知识的掌握，都与活动和练习紧紧地联系在一起，校园足球运动工作的开展直接受到学校足球环境好坏的影响。打造一个好的足球运动设施环境，能调动学生参加足球活动的积极性，优美的场地建筑、精良的足球运动设备，能增加学生对足球的亲和力，合理、有效的管理机制是校园体育文化发扬光大的有效保障。例如，足球明星雕塑的有无，标志性球场建筑和灯光设施是否齐全，球场设施布局是否合理，7 人制、5 人制的球场是否能满足师生锻炼需求，图书馆关于足球方面的书籍是否齐全，体育宣传栏的内容能否及时更新，校园广播能否每天穿插关于校园足球开展及国内外各大联赛的比赛情况等相关新闻。

（二）制度文化

校园足球的制度建设，一方面是指校园足球管理体制的建立，合理地界定各地方政府体育和教育部门职责和权限问题，健全校园足球四级联赛制度、中国职业足球联赛体制以及联赛市场管理和运作等方面。在这一点上，我们应该虚心向韩国学习，韩国的学校足球开展了几十年，已形成小、中、高、大学足球联盟，既是一个整体，又是一个独立体。为了加强对各级学校足球联盟的监管，协调各联盟之间的配合，保证各年龄段的衔接，韩国足球协会采取的是"齿轮运转管理模式"。我们在借鉴韩国经验的同时，必须考虑我国的国情和文化特点，进行积极的尝试和探索，全面理解这些制度、规则及其蕴含的足球文化精神，通过对职业化改革的经验和教训进行总结，从中汲取经验来推动我国足球运动的发展提高我国足球运动的水平，并逐步与世界先进足球运动水平接轨，建立符合我国足球发展实际的制度系统。另一方面，对校园足球实施教练员、小球员的训练和比赛管理制度进行完善，对小球员进行文化课培训，建立教练员的训练、科研等补贴制度。

在校园足球文化中，制度建设是非常重要的部分，它是发展足球意识文化与物质文化不可缺少的条件。现代化校园足球文化建设离不开制度文化的保障，制度要合情、合理和合法，更重要的是，要重视制度的长效作用，这样才能使师生心悦诚服。这种最初具有强制性的制度文化环境，一经学校师生的高度认同，不仅能促进良好体育意识、体育道德和价值观念的形成，还能凝结为一种精神文化传统，在学生中自然的传承。

（三）行为文化

要建设校园足球行为文化，需要广泛的开展足球竞赛，足球赛事的开展可以为学生提供丰富的课余生活，还能让学生们在比赛中感受到运动所带来快乐，提高学生对足球运动的喜爱程度，形成校园足球文化意识和氛围，推动校园足球运动的发展。

在校园足球文化中，足球课程教学是重要组成部分，教学分为专项教学课以及课外足球运动。其中，课外足球运动对校园足球文化的建设有非常大的推动作用，学校可以根据本校自身的情况，对自己的师资力量及场地资源进行充分利用，将课外足球活动开展得有声有色，充分认识足球运动在培养锻炼意识及运动积极性上的推动作用，不仅要丰富课外体育活动的内容。还要让学生在活动中使身体得到有效锻炼。在校园足球文化建设中，举办足球联赛是其关键的部分。校园有联赛，校园足球有实战的场所，校园足球才有自己的故事，校园足球才能吸引更多人的眼球，校园才会建立足球氛围，校园才会有更多关于足球的话题和活动。

（四）精神文化

不论在哪个国家或者民族文化中，足球运动的本质是一样的，只是在不同的环境影响下，体现出的是各不相同的足球精神。例如，热情、奔放、冒险与洒脱的巴西、阿根廷和乌拉圭足球精神；思维严谨、注重意志的德国足球精神；坚韧又浪漫、豪放又细腻的法国和意大利足球精神；体现团结精神并兼容西方先进技术的日本足球精神；体现顽强拼搏、超越自我民族精神的韩国和朝鲜足球精神，这些多样的足球精神在球场上被球员们体现得淋漓尽致。这些国家球队结合自己的民族精神，使他们的职业运动水平处于世界的领先地位。在中华民族精神文化传统中包含的自强不息、求真务实的生活态度，兢兢业业、团结协作的生存意识，"生生不息"的创造精神，"义利结合"的社会规范意识，"天人合一"的系统观念与思维方式，"先胜而后求战"的"胜战"谋略等，都是中华民族传统文化所具有的精神气质。现代足球呈现出的繁荣是融合了世界各民族文化传统的精髓，一个国家的足球运动要想得到充分发展，就需要将自己的民族精神作为国家足球文化的核心，必须以建设思想和发展理论来对中国足球的发展进行指导，并通过中华民族优秀传统文化中的精神来创建出属于自己国家的足球风格与精神文化体系。

学校是校园足球的主体，而对于处在青少年时期的学生来说，文化课学习是最重要的。此外，足球这一运动是结合了个人智能和集体智慧的项目，只有当球员拥有良好的文化素质，才能拥有良好的分析能力，并做出正确的理解和判断。韦迪认为"像足球这样的集体项目，如果智慧不够，文化积累，很难想象在瞬息万变的足球场上审时度势，不断做出判断、选择和应变。文化素质低的球员只会在场上跑，而不知道怎么跑"。在加强学生文化课成绩要求的情况下，足球运动的技术、战术学习，裁判员知识学习，以及注重学生们道德修养培养也是关键问题。国际足联主席布拉特曾评价说："足球作为集体项目在学校开展，是一种教育方式，让孩子们学会遵守纪律和尊重他人。他们中会有人成为中国足球的明星，而其他人会成为更为优秀的中国人。"

第三节 构建校园足球文化的路径与意义

一、构建校园足球文化的实施路径

(一)构建系统化校园足球教学文化体系

足球教学是校园文化传播的重要手段,足球教学文化的合理性、科学性、健身性与娱乐性对提高校园足球文化有着至关重要的作用。校园足球教学应秉承"以学生为本"的教学理念,以学生发展为核心,利用师资、场地设施、地域气候等优势,结合足球项目特质,科学设计教学体系,利用足球教学手段,展示、学习校园足球文化之美。例如,在教学过程中,注意优化教学内容、强调因材施教,面向学生开设不同形式、不同类型、不同层次和不同水平的足球教学班。针对不同水平开设注重技术细节的校足球骨干的训练选项课,注重技术学习的初级水平足球提高班和兴趣爱好培养的零起点的足球初级班。根据地域、气候、环境、性别、爱好、水平开设沙滩足球、足球规则与裁判法解读、足球文化赏识、足球竞赛与组织等课程设置。构建以校园足球文化为引领,以培养学生为核心,以足球教学为主体,以校园活动为辅助,以校园比赛为手段,以隐蔽性课程为补充,以课程教学为保障的课上课下、课内课外、线上线下的立体化足球教学文化体系。让学生在和谐、竞争、创新、自主、个性、平等和诚信的校园足球教学文化氛围中既体会到足球学习的乐趣,也培养自我学习、自我运动、自主健康生活的积极态度和终身体育能力,促进完全人格教育和全面发展。

(二)营造生活化校园足球文化体系

体育生活化既是指体育融入人们日常生活的过程,也是指体育融入人们日常生活的结果,这是一种过程与结果的统一。只有正确的校园足球文化才能产生正确的校园足球认知,才能激发适当的动机,才会有合适的校园足球行为。生活化的校园足球,就是让校园足球文化融入学习生活中,让校园每个角落洋溢着足球文化的青春。开展诸如校园足球LOGO 设计大赛、校园足球摄影比赛、校园足球宝贝展示、足球啦啦操、校园足球征文比赛、足球微电影、"5 人制足球赛""足球电子竞技""师生友谊赛""足球吉尼斯""足球九宫格""KT 足球""足球卡巴迪""足球嘉年华"等不同类型、不同层次、丰富多彩、生动热烈系列校园足球文化活动，给足球爱好者提供参与和交流的机会，并从不同视角展示校园足球的精彩事、有趣事、感动事、惊奇事。做到天天有锻炼，周周有比赛，月月有活动，真正体现足球与校园生活同行，足球文化与校园文化相融。生活化的校园足球文化成为学生自我完善人格、自我展示、增进交流、拓展交往、获得身心和谐的校园生活方式，成为陶冶学生情操、培养学生热爱足球活动、欣赏足球美的重要手段。同样足球爱好者也把足球坚韧、竞争、团结的精神融入学习生活中去。和谐的校园足球文化成为生生相识、师生互爱、生校共荣浓郁情感的连接纽带。

（三）制定规范化的校园足球组织管理文化体系

做好顶层设计，制定和落实人性化、规范化的校园组织文化体系，是校园足球文化发展的保障。开展特色浓郁、蓬勃发展的校园足球文化系列活动，需要得到校领导的高度重视和全校师生的积极参与。成立高效的足球组织管理体系；建立规范化的规章制度；建立人性化、常态化的足球活动体系；建立教师评价、学生评价、第三方评价相结合的科学化的足球活动评价体系；建立科学化的教师进修培训制度。通过制度的规范化，做到人尽其职、物尽其用，实现校园足球活动的集约、高效和有序开展，保障校园足球文化得以顺利开展。

（四）构建多元化的校园足球文化传播体系

随着教育信息技术手段的丰富、计算机网络技术的普及和远程教育事业的高速发展，校园文化建设已基本步入"互联网＋校园文化"的大数据时代，校园足球文化传播呈现及时性、自由性、开放性和多元性等特征，对现代校园足球文化的知识传授、文化传播提出新的要求。首先，学校利用教育信息化教学手段，加大网络课程建设，充分发挥网络课程平台优势，将足球教学、足球文化、足球欣赏和专家视点等诸多校园足球学习内容与校园足球活动、新闻、征文、摄影和校园足球之星评比等相关知识有机地融合到一起，满足学生个性化学习需要，有效延伸足球课堂教学，起到了课内外一体化互动的教学效果。其次，以互联网为基础的微信、微博、论坛、博客、播客、飞信和空间等诸多新媒体技术使得校园文化呈现出自由、及时、个性、多元和开放的特征。改变学校足球师生的沟通模式、交流渠道，也对校园足球文化传播与交流产生影响。利用微信、博客、播客、空间、优酷和土豆等网站为平台，将记录校园足球文化、反映足球情结的微电影、微视频进行发布宣传。通过这些平台，扩展学生足球学习与交流空间，增强学生的自豪感和荣誉感，拓展校园足球文化的辐射力度，传递校园文化正能量。

（五）打造立体化足球竞赛文化体系

校园足球比赛是校园足球教学的集中展示，是校园足球行为文化的集中体现。针对学校场地设施条件、学生特点、校园足球比赛特点和学校教学任务安排，在比赛设置、积分制度、规则制定、精神文明评比、学生参与层次等方面进行校园化和灵活化的改进，突出校园足球文化的普及性和大众性。打造规范化、常态化、立体化的系列校园足球竞赛文化体系，营造人人参与、个个争先、融合交流、朝气蓬勃的校园足球氛围。在参与足球运动过程中培养集体主义、公平竞争原则、责任感和组织纪律性等优秀体育道德品质，凝聚校园足球文化精神，加大校园足球文化的传播力度。

（六）建立现代化校园足球环境体系

校园足球环境体系是校园足球文化的基础和外在标志，发挥基础性的作用，是开展校园足球文化活动的主要场所和活动保障，它主要包括硬件设施和软件设施。优美舒适的足球场地、现代化的体育设施、人性化的体育功能布局、温馨的宣传标示、洁净清新的活动环境、催人奋进的足球校园景观都体现出育人为本的特定文化内涵、体现出学校的足球理念和特色的自然和人文环境。

二、建设高校足球文化的意义

高校大力发展足球文化，使之成为校园文化的重要组成部分，是高校文化发展足球文化的必然选择。首先，足球文化具有极大的健身功能和教育价值，是构建高校文化的重要力量，是高校文化内涵的有机组成。其次，足球文化与民族文化融合，成为民族文化的重要展现手段。足球是世界第一大体育运动，无论走到哪里，都能够看到足球运动的存在，无论何种肤色和信仰，人们都对足球倾入了极大的喜爱，使之成为具有民族文化色彩的运动。因此，国家之间的足球比赛已经被看成是一个国家足球实力和民族体育能力的展现，足球已经超越了足球本身的文化范畴，上升为民族力量的象征。尤其是在今天的中国，更需要振兴足球，使之冲出亚洲，走向世界。在中国，足球具有广泛的群众基础，而在所参与的群体中，高校学生占有很高的比重。因此，高校足球文化的构建，将有助于我国培养有文化、有理想、有技术和有信念的新一代足球人才，为把我国建设成为真正的足球强国提供精神与智力保障。最后，高校足球文化的深化发展不仅能够丰富高校学生的课余文化和生活，而且有利于当代大学生身心素质的全面提高。通过高校足球文化还可以拓展高校自身的知名度，吸引更多的社会团体和个人关注高校教育，推动高校校园文化的全面建设和发展。

第四章　建设体育强国背景下
我国校园足球人才的培养体系分析

第一节　高校校园足球对校园体育精神的影响分析

　　高校校园体育精神文化是校园体育文化的核心部分，是大学生的体育精神生活方式和意识形态，其内涵是十分丰富和深刻的。制造良好的高校校园体育精神文化氛围，能让处于其中的成员通过观察、模仿或在某个其他成员的指导下获得对自身有益的信息，从而养成体育行为、思维、情感方式和审美情趣的习惯，最终形成校园特定的体育传统和风气。强化和弘扬良好的校园体育精神文化，是校园体育文化建设的核心和宗旨。同时，足球作为大学生最受欢迎的运动项目之一，已经成为我国高校体育的重要内容，在每所大学里都有足球场地，足球运动也成为大学生进行体育活动的主要内容。许多高校都有自己的足球队，经常进行比赛交流，既活跃了学校气氛，又增进了学校之间的交往。如今，高校足球运动已成为高校体育文化一个不可或缺的组成部分。本节将从大学生的体育观念、体育精神、体育道德、体育目标、体育风尚和体育知识等几个方面，来论述足球运动对高校校园体育精神文化的影响。作者曾在 2015 年就校园足球对校园体育精神的影响各方面因素，随机选取100 名大学生发放调查问卷，得到了有效的数据统计。本节接下来的有关数据均是基于此调查结果。

一、校园足球对大学生体育观念的影响

　　高校校园体育精神文化居于高校体育文化的主导地位，是高校体育文化的核心所在，其中，体育观念是体育精神文化层的本质和核心，它决定了高校体育文化的发展目标。体育观念就是人们对体育在健身、娱乐、审美以及在心理素质、道德、智力培养等方面体现出来的价值认识态度。良好的体育观念对人们采取怎样的体育行为起着指导性的作用。

通过调查大学生对足球运动的喜爱度发现，大学生认为足球运动可以使参与者更加健康，在娱乐和培养自信心方面都有很高的价值，并且，在足球运动过程中可以增进自己的人际关系，还有助于自己个性的培养。这些调查结果说明，大学生都很了解足球的运动价值，从而使之体育观念基础非常扎实、正确，但同时，我们还看到了一些大学生认为足球运动对心理发泄、智力等影响不是很大，说明他们对于足球运动可以促进个体智力发展以及心理宣泄等观念没有充分的认识。其实，在进行足球运动过程中，身体各器官系统要承受一定运动量和运动负荷的刺激，促进各器官系统功能改善，提高免疫力，因此具有增强身体的良好作用。同时，足球运动具有一定的娱乐功能，可以减缓人的压抑、低落、孤独和自卑等不良情绪，获得轻松、愉悦、自信和乐观情绪，具有促进心理健康的作用。体育运动多数需要手脚协调配合，运用战术还需要临场的机智，头脑灵活，因此，对人的智力发展，神经系统发展有良好地促进作用。大学生在高校学习生活过程中会遇到各种压力和困难，因此，大学生不仅要有强健的体魄和充沛的精力，而且还要学会在足球运动过程中结交新的朋友、宣泄自己的不良情绪、促进自己个性的发展。大学生通过足球运动可以树立自己正确的体育观念，让自己懂得生命在于运动的深刻内涵，从而激发他们对体育的热情和兴趣，为增强体质、愉悦身心和稳定情绪奠定了良好的道德基础。

二、校园足球对大学生体育风尚的影响

体育风尚就是盛行的体育习惯、风气，它主要包括体育人口的比例和体育锻炼自主程度。良好的体育风尚，能够活跃校园文化氛围，使校园充满生机活力，有助于生活在其中的师生形成积极进取的心境和发奋努力的情感，优化心态，陶冶情操，以及良好校风、教风和学风的形成。大学生正值二十一二岁，风华正茂、精力充沛，课余时间如果不用体育运动来充实，他们就会自然而然沉溺于网聊、游戏、打牌等不良生活风气之中，因此，用体育运动陶冶情操、愉悦身心、释放能量、感受激情和展示个性就显得十分必要，而且切实可行。大学生足球运动的积极心态已经被调动起来，并基本形成积极主动的运动习惯，所以说，大学生通过足球运动已经形成了普遍和相对稳定的体育风尚。

三、校园足球对大学生体育知识的影响

（一）课堂知识

课堂知识指的是大学生在足球教学课程中获得的，主要包括教师传授足球理论知识和足球技术技能知识。65％的大学生认为足球知识主要在足球课堂中获得，从数据上来看，足球教师在课堂上传授的知识是大学生获取体育知识的重要途径，这就要求足球教师真正明确上好足球课的重要性，激发学生学习动机，加深对足球运动的认识与感知，从而培养大学生上足球课的兴趣。80％的大学生认为足球教师传授足球知识的主要内容是足球技术技能知识，只有不到 20％的大学生认为足球教师传授过足球理论知识。而希望获得足球技术技能知识的大学生占 77％，另有 21％的大学生希望获得足球娱乐知识。调查结果表明，体育教师传授给学生体育知识基本上不能够满足大学生的需求。但是，大学生在学习技术技能之外还渴望足球娱乐类和理论类的知识来培养自己的学习兴趣，这也正是高校足球教学时所欠缺的。因此，体育教师在足球教学中应增加娱乐健身类和足球理论类的知识以此来丰富大学生体育知识的多样性，同时让大学生了解与足球运动相关的文化和历史，更不失为一条拓宽知识面的良好途径。

（二）课外知识

课外知识的获得是多种多样的。据统计，广播电视的选择率占 73％，由于广播电视和通信卫星等现代传播媒体的高度发达，为体育欣赏提供了极为方便的途径。例如，中央五套节目的体育新闻以及各级各类足球比赛的直播，把瞬时比赛变成可供欣赏的内容，为体育知识的获得与体育水平的提高提供了有利条件，是大学生最为喜闻乐见的、最容易接受的体育知识传播的途径。课外锻炼的选择率占 45％，大学生的课外锻炼主要包括课外体育活动和俱乐部，反映到足球运动上，足球教师传授的足球理论知识、技术技能知识和其他知识占 5％，课外体育活动占 30％，足球俱乐部占 65％。足球知识的获得绝大多数是通过课外足球运动和足球俱乐部，通过课外体育锻炼，大学生可以提高自己的足球技术技能水平，又可以在互相交谈中学到更多的足球知识。有 65％的大学生是通过课外体育活动来参与足球运动的，有 30％的大学生是通过足球选修课，而只有 5％的大学生选择了足球俱乐部。由此我们可

以发现，大学生参与足球运动的主要方式是课外体育锻炼和足球选修课，而通过足球俱乐部参与足球运动的较少，这说明足球俱乐部在高校的开展还不够。杂志的选择率占 48％，报刊是大学生获得有关足球运动的基本知识，如竞赛的制度、比赛规则、技术和战术，高水平优秀运动员的特点与风格，以及体育趣闻等方面知识的相关信息渠道。网络的选择率占 72％，由于电脑和网络的普及，在校大学生能够更容易地上网浏览关于体育及足球的有关信息和知识。朋友、同学的选择率占 40％，可见，同学、朋友特别是足球迷之间的交流可以使大学生了解到更多的足球知识，还可以增进彼此的友谊。其他渠道的选择率占 13％，体育摄影、绘画、雕塑、小说、戏剧、文学和体育建筑等，都是大学生获得体育知识的多种渠道之一。不同区域、不同性别、不同年级的大学生所获得体育知识的渠道有一定的差异。由于对足球运动的喜爱，大学生可以通过多种渠道获得有关足球运动方面的技术技能知识和理论知识，并且，这些知识在很多的体育项目中都是通用的，如体育保健康复知识、运动技能的形成、组织协调能力等。通过对足球知识的学习也是大学生获得体育基本知识、技术和技能的主渠道，并形成较为系统的体育文化知识结构。

四、校园足球对大学生体育目标的影响

体育目标，就是体育所要达到的境地和参与体育工作所要努力的方向。建立明确的体育目标，会给体育工作者压力和动力，激发他们的工作热情，有助于团结协作，挖掘集体智慧。大学生在参与足球运动过程中有利于树立明确的目标，并在运动中充分享受足球为其带来的满足感和荣誉感。

（一）大学生明确自己的体育目标

调查结果表明，大学生参加足球运动的主要目的是为了培养自己的兴趣爱好，还有就是为了增强体质和娱乐消遣，说明大学生是根据自己的需求，因人而异地从众多运动项目中选择符合自己兴趣爱好、身体条件、健康水平和运动能力的足球运动作为自己相对稳定的锻炼内容和形式，以取得较好的锻炼效果。据统计，对于参与足球运动的目标，有80％的大学生认为是兴趣爱好、增强体质、丰富文化生活、娱乐消遣；有 31％的大学生认为是社会交往、通过考试；有 24％的大学生认为是发展个性、健美体型；有 14％的大学生认为是其他。在调查中能否体

验到成功的感受调查，认为能体验到成功感受的占 75%，认为不能体验到成功感受的占 7%，认为不清楚的占 18%。在对体育目标的实现程度调查显示，有 54% 的大学生认为参与足球运动能实现体育目标，有 24% 的大学生认为不能实现体育目标，有 22% 的大学生表示不清楚。

（二）体育目标的实现程度

从调查中我们可以看到，只有一半的大学生通过足球运动实现了自己的体育目标，这是由于足球运动技术、战术的复杂性，能实现自己体育目标的大学生并不是很多。但是令人高兴的是，大多数大学生都在不断努力和实现目标的过程中感觉到了成功的喜悦，这就说明，足球运动不但能帮助大学生实现自己的体育目标，而且还在实现体育目标的过程中愉悦了身心、放松了心情。

五、校园足球对大学生体育精神的影响

所谓高校体育精神，是指高校在一定的社会历史条件下，为了实现教育目标，在长期的校园文化建设中逐步积淀、整合和提炼出来的，主要反映高校大学生的健身目标、理想、信念、体育传统和行为准则的价值观念与群体意识。校园体育精神的培养，主要是体育的竞争精神，意志精神、协作精神、遵纪守法精神和创新精神的培养。通过体育精神的培养，增强学生的竞争意识，以激发他们的进取心；培养他们的坚强意志，提高他们克服困难的信心和勇气；培养他们的协作精神和遵纪守法的品德；培养他们的创新欲望，以创新的精神汲取和运用知识。通过校园体育精神的培养，可以发挥高校校园体育文化独特的育人功能，让大学生体味生活，从中感悟这些精神的意义，并为将来进入社会做好心理准备。

通过调查得知，绝大多数大学生认为足球运动能够体现出创新精神、拼搏精神、竞争精神、遵纪守法精神和团结协作精神。现代足球运动已经远远超过了该项运动起源之初的游戏性，它以丰富多彩的实践内容融入全面综合素质教育，开发人的智慧，陶冶人的情操，修养身心，提高素质，开拓人的思路，在特殊复杂情况下去掌握不同时间、空间条件下自身运动规律和支配规律的各种技能和能力。其价值已经远远超过了健身、娱乐的需要。可以说，它是在人类文明进步和文化发展过程中创造并逐渐完善起来的一种宝贵的精神财富。

（一）足球运动对大学生创新精神的影响

调查结果表明，有一半的大学生认为参与足球运动可以体现自己的创新精神。足球运动的一个重要特征就是鼓励和要求不断创新，只有不断创新才能立于不败之地。足球运动基本战术的应用是一个主动性、创造性的学习过程，通过足球运动基本战术的运用可以培养学生开动脑筋、不断创新、发挥想象力、发展学生个性，这也为素质教育中的创新意识的培养提供了更大的空间。由于足球技术、战术的运用具有复杂性和多变性，对于提高学生各感觉器官的功能，对于神经中枢的灵活性及其协调支配各器官的能力，对于提高大脑分析问题和解决问题的能力都有着良好的作用。创新精神是大学生最重要的素质之一，它能对其他素质的提高起到有力的促进作用。从社会背景来看，创新精神是当今社会的迫切需要，只有富有创新精神，才能在激烈的竞争中立于不败之地。足球运动是最富有创新精神的运动。

创新精神就是开拓进取、勇于创新的精神。它既是一种品格，又是一种胆魄，还是一种才识，它是三者的统一。足球运动需要有勇往直前、坚韧不拔的品格，需要有愈挫弥坚、不畏强者的胆魄，需要有运筹帷幄、争取胜利的才识。

首先，足球运动改变人们的运动习惯。众所周知，足球运动是除手和臂之外全身各个部位运动，主要用脚和腿来完成各类动作，这就改变人们用腿和脚支撑身体，用手和臂做各种动作的习惯。改变日常行为习惯就是培养创新思维的基础。创新精神是一种富有怀疑精神、自信心、好奇心和坚韧不拔的品格。如果固执习惯，迷信传统、书本和权威，不脚踏实地，缺少自信，缺乏好奇心，懒散怕苦，不能持之以恒，就是没有开拓创新的品格。

其次，足球比赛结果受多种因素影响，偶然性较大。弱队利用勇气、气势、战术、局部优势等因素战胜强队的事例屡见不鲜。这种偶然性往往能够激励运动员创新精神的形成。创新精神又是一种敢说前人没有说过的话、敢走前人没有走过的路、敢创前人没有开创的新事业的大无畏的胆略和气魄。俗话说，光脚的不怕穿鞋的。你可能技术好，我就利用配合战术；你力量足，我就利用速度，不畏强手，敢于胜利。可以说，优秀足球运动员都具有这样的胆识和气魄。

再次，创新精神需要有才识、有智慧。它要求我们必须具有创造性思维和较强的从经验、事实和材料中提炼出自己思想的能力。从事足球运动的人必须具有较高才识。足球运动场面宏大，攻防转换快，对手速度快、力量足，但局部配合不一定好，这些因素就迫使你动脑思考，在这里，才识是思想、是理念、是意识、是经验。没有这些，在足球场上就要处于被动要挨打。足球强队都具有鲜明特色和独特传统，优秀运动员必须有才识、有思想、有经验。欧美足球强队中不乏博士毕业生，韩国、日本国家足球队队员大多数是大学生，因为有才识，他们在场上的应变能力、领会教练意图、把握机会的能力较强。如果思维僵化，缺乏创造性，虽拥有丰富的经验和材料，却提不出自己的思想，这便就是没有创新的才识。创新包括品格、胆魄与才识的精神因素必须齐备，缺一不可。培养大学生的创新精神，既依赖于教师的教，又依赖于学生的学及自我培养，因此，应将两方面有机地结合起来，而足球运动正是自我培养创新精神有效途径。

（二）足球运动对大学生拼搏精神的影响

调查显示有 84% 的大学生认为参与足球运动可以体现出自己的拼搏精神。纵观现代社会，环境的优越、物质条件的改善使青年学生的身体条件有了较大提高，但在他们当中，很多人滋生了许多负面的东西，诸如对人生目标的追求缺乏信心和耐心，信仰迷茫，面对挫折和失败不能正确对待而怨天尤人，这些缺少精神和理念的人必然易受环境优劣的影响而缺乏主观能动性。实际上，校园内的足球运动是校园体育活动的重要部分，是培养学生顽强意志品质和不屈不挠拼搏精神的一个平台，足球运动之所以有如此强大的感召力吸引着许多青年学子的参与，正是因为他们在参与的过程中获得了意志的磨炼，才敢直面成功或者失败；他们在激烈对抗过程中自觉弘扬顽强的拼搏精神，以此养成对真理执着的追求和树立对人生目标的坚定信念。

（三）足球运动对大学生竞争精神的影响

调查结果表明，有 84% 的大学生认为参与足球运动可以体现出自己的竞争精神。自然界和人类社会中的每一个个体都处于优胜劣汰的激烈竞争中，特别是作为当代大学生，面临的竞争越来越多：在学校里要在学习上竞争，毕业时要为了就业而竞争，到了工作岗位还要竞争上岗，生活当中无时无刻不充满竞争。竞争精神已经成为现代人的重要素质之一，有竞争才能生存，有生存才有发展，才能有个人素质的提高。在现代社会中，竞争是一种普遍存在的社会现象，优胜劣汰是自然界和人类社会赖以进步的客观规律。足球运动，无论是观赏还是参与，足球场无疑为人们在生活中即将发生的竞争提供了极佳的预演场所，可以说，足球运动是浓缩着社会性、群众性和竞技性的社会群体性运动，足球运动本身就是一个特殊的社会环境。依据迁移原理，人们在运动场上所养成的良好品行和行为习惯，可以迁移到日常行为模式之中受到社会的认同和接纳。在足球场上不论尊卑，不论资历，只讲效率，它不承认任何个人身体条件和心理以外的不平等，它培养了大学生应该具有的积极向上、勇于进取、不满足现状、超越对手、超越自己、敢于冒险和创新的良好竞争意识等。

（四）足球运动对大学生遵纪守法精神的影响

调查结果显示，有 65％的大学生认为参与足球运动可以体现出自己的遵纪守法精神。足球运动有自己所特有的游戏规则，只有在规则允许的范围内，才可以尽情展示自己的技术和个性，如果超出这些规则的话，就会受到相应的惩罚，例如，被记犯规、黄牌警告、让对方罚球或发球，甚至可能被红牌罚出场。反映到大学生生活当中，就是让大学生意识到在社会上或学校里确实有自己的自由，但是这种自由并不是绝对的，如果超出了国家法律和校规校纪所规定的范围，就要受到处罚。

（五）足球运动对大学生团结协作精神的影响

调查结果表明，有 86％的大学生认为参与足球运动可以体现出自己团结协作精神。足球运动是积极倡导个性张扬和集体配合相结合的集体运动，在运动过程中需要 11 名队员之间的相互配合和协作，如果缺乏配合和协作，队伍就难以取胜，所以说，每名队员都非常重视协作和配合。在这既展示个性特征和个人才能，又注重相互支持、相互配合、团结协作的运动中，团结协作就成了所有参与足球运动的大学生的共同努力目标。

第二节　校园足球人才培养体系的构建分析

一、我国校园足球人才培养理念

要分析足球人才的培养理念，我们首先要正确的认识培养的对象、培养他们的目标以及培养目标确立的依据。在计划经济体制下以及经济转型期间，我国培养的对象是球员，培养的最终目标是成为专业运动员，确定培养目标的根本依据是为了尽快提高我国的足球运动水平。在这样一种硬性指标的驱使下，我们忽略了足球运动自身的发展规律，我国的青少年足球单一的培养理念存在着以下几方面的问题。

在认识上，足球被视为是一项只有少数人参与的竞技性运动；在培养理念上，只重视运动员的培养，而忽视了为运动员服务的科技人员的培养，导致其培养理念不能及时更新，观念陈旧落后；在培养目标上，过分强调"锦标主义"；在培养方式上，以教练员为中心，以重复枯燥技能训练为主，竞赛很少，并要求学生盲目服从，纪律至上，扼杀了学生独创性，学生乐趣不多；在培养效果上，学生学业荒废，产生学习和踢球的矛盾，还频繁出现虚报年龄、急功近利的现象。

但在北京奥运会之后，进入了后奥运时代，在科学发展观理论指导下，我国青少年足球培养的理念发生了根本性的转变，培养更加体现人文关怀，并努力坚持全面、协调，可持续性的发展策略。培养的对象也由球员转变为了学习者，培养的最终目标由专业运动员转变成适应社会发展的广义足球人才，确定培养目标的根本依据也转变成足球运动自身的发展规律、教育的本质性规律以及人的生理发展规律。新时代青少年培养更注重人性化教育，以人为本，以人的发展为最终目标，并遵循事物内在的发展规律，而不是把任务作为唯一的目标，把人简单地看作是完成任务的一种工具。新时代对足球人才的培养注重人的发展与足球运动发展的协调统一，而在两者之间，人的发展是第一位的，事物的发展只有在满足了人的发展需要之后才能实现，这同时也体现了人类社会发展的文明和进步。

当前，根据足球运动自身的发展规律以及人的生理发展规律，我国青少年足球人才培养理念的转变主要表现在以下几个方面：首先，在认识上的转变，把足球作为一项教育工具，一项广泛普及、大众参与的运动去推广；其次，在培养理念上，得到国际先进理念和发展规律的支撑和国际组织的全面支持；再次，在培养目标上，重视团队精神、社会责任感及终身技能的学习；再次，在培养方式上，以学生为本，把学生的全面身心发展作为前提，把快乐作为校园足球的核心内容，使用体教结合的培养方式，培养学生独立思考能力和自己解决问题的能力，鼓励学生创造性和表现力，让学生在服从技术、战术纪律的前提下，能灵活应变，并采用公平竞赛的方式，把竞赛和比赛作为学生最好的老师；最后，在培养效果上，学校受益，家长受益，学生也受益，并有利于足球事业的可持续发展。

新培养理念重视学校足球运动的普及，重视学生的足球兴趣的培养，淡化比赛成绩，为足球人才的培养提供了保证。

二、校园足球人才培养体系的构建模式

借鉴欧洲足球传统强国学校足球人才培养的先进经验和韩国、日本等亚洲足球强国学校足球的成功范例，以及我国部分足球发达城市学校足球的发展模式，并结合我国学校的基本国情，构建出我国校园足球人才培养体系（见图4-1）。此体系的确立，既遵循了足球运动的基本规律，又遵循了人的生长发展规律；既注重学生文化理论知识的学习，又能有效提升学生的技能水平；既拓宽了人才的成才道路，又扩大了足球的普及人口；既体现了现阶段举国体制的巨大作用，又突出了学校足球的发展趋势；既解决了现阶段足球发展的主要问题，又能有效地促进我国足球运动的可持续性发展。笔者认为，这是目前最符合我国基本国情，最有效、最直接，也是较容易操作的培养模式，可供我国校园足球管理部门参考、借鉴。

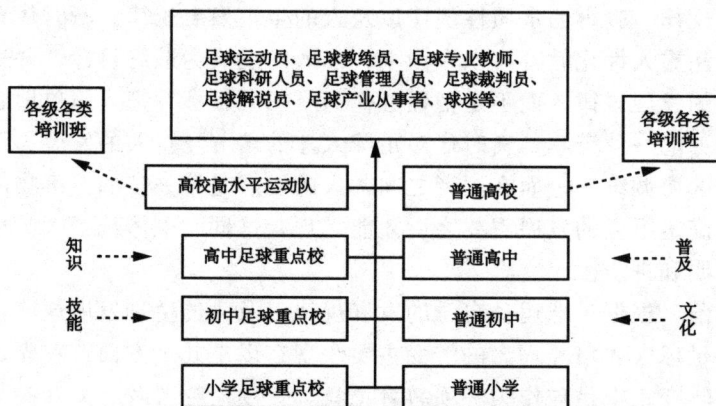

图 4-1 我国校园足球人才培养体系模式

为了更加深刻、细致的研究校园足球人才培养体系，可以把其分为横向的"实施"和纵向的"发展"两个纬度来分别进行分析。在横向实施上，根据校园足球职能分工的不同，将其分为校园足球管理体系、校园足球竞赛体系、校园足球培训体系、校园足球选拔体系、校园足球经费分配体系、校园足球宣传推广体系和校园足球评估体系等七大运行方式；在纵向发展上，根据学校足球发展水平的不同，将其分为校园足球重点学校足球人才的培养和校园足球试点学校足球人才的培养两方面主

要内容（见图 4-2）。

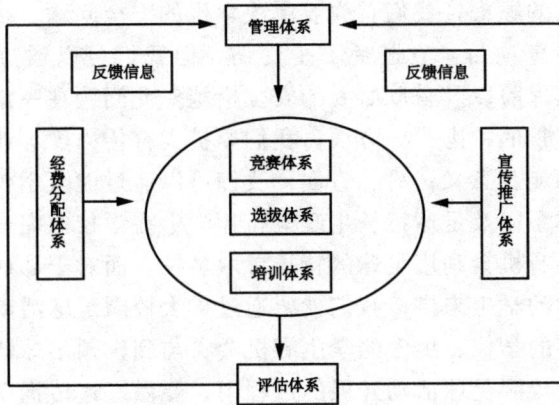

图 4-2　我国校园足球人才培养体系运行模式

校园足球试点学校的培养主要是研究如何培养学生的兴趣、爱好，加强学校足球运动的普及，而重点学校的培养，在普及的同时还注重学生运动技能水平的提高。而在校园足球培养体系的实际运行过程中，根据职能分工的不同，又分为管理、竞赛、培训、选拔、经费、宣传和评价等七大体系。通过这七大体系的研究分析，可更加细致、全面地分析校园足球的运行模式，有利于在实际运行过程中进行操作。

三、我国校园足球试点学校足球人才的培养

根据目前我国学校的基本概况，我们在培养的过程中应该重点注意以下几方面内容。

（一）加大校园足球的普及力度，扩大足球人口

要成为足球领域的优秀人才，那么首先要有机会接触足球，才会了解足球，甚至喜欢足球。也就是说，我们要尽量给所有的学生提供一个接触足球的机会。据了解，我国喜欢足球运动的孩子不在少数，特别是在小学阶段。然而，在我们目前学校中，足球运动开展得却不是很好，一方面，由于学校校长害怕足球运动给学生带来伤害，部分学校禁止学生在校内踢球；另一方面，由于学生家长对足球的认识不够深刻，认为足球就是竞技运动，而忽视了足球的健身、娱乐等功能。学生家长担心踢球会耽误学习，再加上目前足球的大环境不好，成材率很低，很多家长不愿意让自己的孩子走"专业足球"这座独木桥，再有就是很多学校

由于缺少场地以及学校自身的原因，孩子们因此没有机会去接触足球。

作为校长的顾虑，我们首先要解决学生的安全问题。足球作为一种同场对抗性体育项目，它避免不了受伤，但我们可以通过加强安全教育、提前购买保险以及采取必要的安全措施对此问题在一定程度上进行缓解。作为家长的顾虑，一方面，我们要扩大宣传力度，让家长深刻认识到足球的功能及意义；另一方面，我们可以通过健全学校系统的联赛体系与训练体系以及足球特长生政策，让学生在学校内完成足球技能培养的同时，还有机会利用足球的特长考取名校。而对于那些没有机会参与到足球运动的学生来讲，我们就要通过扩大校园足球活动开展的学校数目，使更多的学校、更多的学生有机会参与到校园足球活动中来。这就要求我们在校园足球活动开展的过程中，要做好宣传推广工作，地方体育管理部门不要限制学校参与数目，给所有的学校提供参与校园足球活动的平等机会。

（二）进一步加强校园足球小学、初中、高中、大学四级联赛的有效衔接

早在 2009 年 10 月 14 日就启动了小学组和初中组的校园足球联赛，赛事的组织与管理主要由中国足协下设的校园足球办公室来承担。而高中和大学的足球联赛则一直由教育部学生体育协会联合秘书处下设的中学生体育协会和大学生体育协会来负责管理。两个不同的部门管理着学校的四级联赛，容易对学生培养的连续性产生影响。因此，要想开展好校园足球活动，对学生进行连续性培养，就要进一步加强两个部门的衔接，完善四级联赛体系，使小学、初中、高中、大学成为学生在学校内学习足球的一条通畅的路径。

（三）地方体育主管部门应多组织各级各类足球培训班

足球运动知识学校内解决的为基础教育，而对于更专业的知识学习，就需要通过体育主管部门组织的培训班来获得。以裁判员为例，目前我国足球裁判员的级别分为五级，分别为国际级、国家级、国家一级、国家二级和国家三级。一般性体育类院校，可以获得二级裁判员的审批权，少数学校最高还可获得一级裁判员的审批权，但要想获得更高的裁判员级别，只有通过中国足协、亚足联或国际足联专门组织的裁判员培训班，并考核合格后才可获得。因此，为了能使我国涌现出更多的足球优秀人才，我国体育主管部门应多组织各级各类足球培训班，多给

有望从事足球事业的足球人才提供学习和自身提高的机会。

（四）为培养学生的足球兴趣和爱好，进一步加强校园足球文化的建设

足球知识的学习需要一个良好的足球氛围，通过校园足球联赛的开展可以在一定程度上营造足球氛围，但联赛仅仅面对的是一部分踢球的学生。而对广大中小学生来讲，则需要通过对学校足球文化的建设使他们参与进来。例如，在学校内开设足球兴趣班，组织足球知识问答和足球方面的英语演讲、绘画、征文以及定期组织足球节等。校园足球文化建设对于培养学生的足球兴趣爱好，了解足球的基本知识，甚至对提高足球专业技能方面都有着很好的促进作用。

（五）学生在加强理论知识学习的同时，还要注重技能水平的提高

足球作为一项体育运动，它各项事业的开展是以运动实践为核心的，那么在培养足球领域专业人才方面，就要以足球运动的本质性规律为基础。马克思主义哲学提出，理论来源于实践，没有实践作为基础，就无法真正揭示事物的本质规律。对于校园足球的专业人才培养也是一样，只有真正会踢足球了，才能从运动中找出并总结出规律，才能更好地认识足球，进而去研究足球。

（六）推动青少年业余足球训练网点建设，推广青少年业余足球俱乐部制度

为完善校园足球人才培养体系，有效提高试点学校学生足球的知识和技能，各地方体育主管部门应在大力推动政府负责下的青少年业余足球训练网点建设的同时，加强管理并逐步完善、推广青少年业余足球俱乐部制度。作为足球重点学校，一般都会具有较好的足球场地设施、比较专业的足球教练，能保证较为系统的专业化训练。而对于广大试点学校来说，我国的现实国情决定了部分学校虽具有较高的足球热情，但学校内场地设施不足，专业教师缺乏，训练条件较差，无法保证学生接受系统、专业的训练。校园足球的种种弊端，决定了学生在短时间内不可能完全依靠校园足球来提高专业技能，因此必须配以相应的辅助机制。为完善校园足球人才的培养体系，有效提高足球试点学校学生对足球知识和技能的学习，我国地方体育主管部门应大力推动政府负责下的青少年业余足球训练网点的建设，以及加强管理并逐步完善、推广青少年业余足球俱乐部制度。

四、我国校园足球重点学校足球人才的培养

（一）重新设立并严格审批足球重点学校制度

鉴于足球传统项目学校和足球后备人才试点学校审批过程中存在的种种问题，全国青少年校园足球工作领导小组办公室（以下简称全国校园足球办公室）应重新设立足球重点学校制度。这里所指的足球重点学校是在 2009 年全国布局城市的试点学校的基础上设立的，它虽然从名称上有别于在教育系统内的足球传统学校以及足球后备人才试点学校，但在实际的功能却是相同的，都是为了培养我国的足球后备人才。由于我国长期有足球传统学校以及足球后备人才试点学校的存在，所以目前学校间足球运动开展的水平存在着巨大的差距。根据我国学校足球开展的具体情况，各布局城市校园足球办公室应制定严格的足球重点学校审批制度，在 2009 年布局的试点学校的基础上，把一些长期坚持训练，师资与场地设施相对较好的学校列为校园足球重点学校，并给这些学校赋予培养后备人才的任务。各地校园足球办公室可给足球重点学校进行授牌，并拨付一定的训练补助经费。

（二）有效缓解学校内学训矛盾的问题

为加强足球重点学校的管理，首先必须解决好后备人才的"学训矛盾"问题。在进行专家访谈时，上海体育学院何志林教授指出，不可否认，体育后备人才的"学训矛盾"是客观存在、不能完全消除的，管理者所能做的只是通过一些措施来尽可能地减缓这一矛盾。本研究认为若要缓解学训矛盾问题，必须从以下几个方面入手：第一，明确规定不同年龄段运动员的学习训练的时间和目标，减小学习与训练的随意性与盲目性；第二，完善体育后备人才输送制度，完善并严格执行运动员升入大学的优惠政策；第三，加强选材与淘汰制度，提高成材率；第四，建立退役优秀运动员培训制度，同时解决退役运动员安置问题。当然，这些措施都不足以上升为国家的法律，最多是以行业规章制度的形式存在。所以，目前解决好"学训矛盾"的问题，需要国家行政部门的强力介入，需要国家行政手段的强力干预。

（三）在校园足球培养体系中，要特别注重对小学阶段的足球运动的普及以及学生兴趣爱好的培养

在校园足球的小学、初中、高中、大学四个组别中，小学阶段足球运动开展最为重要，小学阶段是培养学生足球兴趣的最佳时期，而且学生的课业负担不大，学生有较多的空闲时间从事足球运动，长期从事草根足球的专家、亚足联草根足球讲师邓世俊曾表示，一名球员接触足球的最佳时期为5～6岁，因为这个年龄是培养学生足球兴趣以及球感的最佳敏感期，而有的国家还会选择小学前的幼儿园时期作为接触足球的启蒙阶段。以日本青少年足球培养为例，日本的小学联赛十分正规，并且他们小学比赛的观众人数不比日本J联赛的人数少，有的场次还会有电视转播，个别学生在12岁左右，五六年级的时候足球基本技术已足够娴熟，并逐渐显露球星的潜质。当然我们要明确的是，这里所说的早期从事足球运动和早期专业化训练是两回事，早期从事足球运动是指在不脱离学校学习的情况下，尽早地接触足球运动，通过对球感的获得以及足球兴趣的培养为将来足球技术水平的提高做好铺垫，而早期专业化训练则是指，较早地脱离学校学习，进行足球专业技能的培养。通过对我国现阶段足球发展现状的分析，在小学、初中、高中、大学四个年龄段中，我国小学阶段是场地以及师资力量欠缺最为严重的阶段，据悉，我国职业梯队以及各省市的专业队建队的最小年龄段为13岁，基本为小学毕业阶段，那么在小学前足球技能学习基本都在学校内完成，在我国学校基础设施严重不足，专业教师短缺的现实状况下，对学生足球技能的培养确实存在着较大的困难。这样一来，在小学阶段，我国就与日本等国在技术水平上拉开了差距。所以说，在校园足球的竞技提高系列中，小学阶段对学生足球的早期培养最为重要，是目前我国校园足球应重点加强的内容。为提高我国足球水平，我国政府应大力加强小学阶段训练经费的投入，一方面，通过扩大小学参与足球运动的规模，扩大足球人口；另一方面，通过改善小学阶段的训练条件与提高体育教师的专业水平，逐步提高小学阶段的训练水平，为日后足球后备人才的培养打好坚实的基础。

（四）逐步提高初中阶段的训练水平，给学生提供优质的连续性培养

根据对2015年全国校园足球44个城市现状调查可知，目前我国初

中阶段的校园足球的训练条件虽较小学阶段有所改观，但其仍然是我国学院足球运动开展的一个薄弱环节。一方面，由于目前我国针对初中阶段的全国性或地区性比赛较少；另一方面，由于中考的学习压力，加上教育部门也没有相应的升学加分政策，使学生不敢花费大量的时间和精力从事足球训练。目前我国初中阶段能长期坚持训练足球运动的学校寥寥无几，初中阶段是一个承上启下的重要阶段，没有了初中阶段的持续性培养，一方面会大大削弱小学阶段的普及力度；另一方面也不利于高中阶段对人才的选拔。除此之外，根据国际足联有关数据反映，13 岁至 15 岁的初中阶段还是技能提高的最佳敏感期，因此若要提高校园足球的整体训练水平，加强初中阶段的训练尤为重要。

（五）进一步加强与教育部学生体育协会联合秘书处的有效配合，逐步形成学校系统内部金字塔式的重点校培养模式

目前，高中阶段的足球比赛由教育部学生体育协会联合秘书处下设的中学生体育协会所承办，该协会成立于 1973 年，是世界中学生体育联合会的一员，其主要宗旨是促进我国中等学校体育运动发展，提高我国中学生的体育运动和身心健康水平，努力为我国培养德、智、体、美、劳等全面发展的优秀体育后备人才。目前，我国高中足球联赛初具一定规模，除了每年一届的全国中学生足球锦标赛以及各类邀请赛外，2006 年还推出了规模较大的全国高中足球联赛（CSFA）。2014 年，主办方对赛事进行全面改制后更名为"全国青少年校园足球联赛"，并增设高中女子组、初中男子组和初中女子组 3 个中学组别，由全国青少年校园足球工作领导小组（简称"全国校足办"）接手主办工作。这样看来，目前我国高中足球比赛的开展已较为规范，并且由中学生体育协会统一管理。只是由于中小学阶段足球运动普及较差，所以，目前高中足球联赛的整体水平还不高。鉴于此种情况，考虑到经费以及组织管理等多方面因素，针对校园足球高中组别的比赛全国校园足球办公室应主要交与中学生体育协会来负责，不应重新成立高中组别的其他赛事。在联赛的具体要求上，中学生体育协会比较注重比赛成绩，导致很多足球水平较差的学校没有机会参与到各市级比赛。针对赛制的具体问题，全国校园足球办公室应加强和中学生体育协会的沟通与联系，尽快达成统一。

目前，大学生足球联赛主要由教育部学生体育协会联合秘书处下设的大学生体育协会所承办。该协会成立于 1975 年，是世界大学生体育联合会的一员，其宗旨是促进高等学校体育运动发展，提高大学生的身心健康水平，培养德、智、体、美、劳全面发展的社会主义建设者和接班人。大学生的足球比赛以全国大学生足球联赛为主。目前，我国大学生足球联赛自 2000 年起，已开展了 20 年之久，联赛运行较为系统、正规，参赛队伍近 3000 余支，深入覆盖全国近 2000 所高校，参赛队员高达 50000 余名（含女足），影响力覆盖 3800 多万在校大学生，横跨 33 个行政区域（包括香港、澳门两个特别行政区）2017 年起，赛事由阿里体育独家运营。大学足球联赛主要分为三个阶段：第一阶段为地区性选拔，获得地区第一名的队伍，可进入第二阶段的比赛；第二阶段分为南北区复赛；第三阶段为南北区的前 6 名以及上个赛季的前 4 名进入总决赛，最后决出冠亚军。由于全国大学生足球联赛也已具备一定的规模，并且在不断壮大，因此对于学校足球大学组别的比赛应交由大学生体育协会来负责承办。

全国青少年校园足球办公室通过与教育部学生体育联合秘书处的有效配合，一方面，可以完善校园足球的四级联赛体系；另一方面，逐步形成学校系统内部的重点学校金字塔培养模式。并力争在三至五年内，每个试点城市有 4～8 所大学足球重点学校，体育专业院校除外每所高校再与 3～5 所高中足球重点学校建立合作关系或机制；每所高中再与 3～5 所初中足球重点学校建立合作关系或机制；每所初中再与 3～5 所小学足球重点学校建立合作关系或机制。通过这样一种机制逐步形成学校系统内部金字塔式的重点学校培养模式。

校园足球的资金也将重点投入这些城市和学校，并奖励先进，起到以点带面的效果。这样一来，校园足球的整体布局会有序形成，并且与足球重点城市相得益彰。

（六）对于具有较好条件的学校，特别是高校，大力推行学校足球俱乐部模式

目前，日本的中小学就是以俱乐部的形式学习足球的，然而由于我国普遍存在着师资、场地等客观的不利因素，在全国范围内推行俱乐部模式不现实，因此，各布局城市校园足球办公室应大力推动具有较好条件的学校，在校内建立足球俱乐部，使学生通过俱乐部的形式进行足球方面的学习或训练。特别是高校在小学、初中、高中、大学四个阶段中，高校是师资力量以及场地设施情况最好的一个阶段，具有优越的客观条件，是推行学校足球俱乐部模式的最佳群体。

（七）大力加强体育类专业院校对足球后备人才的培养力度

体育类专业院校中，由于其竞技体校具有小学、初中、中专、大专、大学一条龙的培养体系，并且体育院校中具备专业的足球教师，以及先进的训练设施，是集科研、教学、训练为一体的专业性院校，在这样的环境内培养足球后备人才会起到事半功倍的作用。体育院校作为学校系统的一个特殊群体，在学校足球运动的开展过程中，体育主管部门应充分利用其师资力量与场地资源的先天优势，为足球后备人才的培养提高服务。一方面，通过在竞技体校内组建足球队，自身培养足球后备人才；另一方面，通过在学校内建立青少年业余足球俱乐部的形式，为中小学生提供培训；除此之外，就是加强体育类院校与职业俱乐部的联系，共同合作培养青少年足球人才。

第五章　建设体育强国背景下
足球后备人才的改革与科学培养策略研究

第一节　足球运动后备人才培养体制的改革探索

一、培养体制概述

要理解体制的概念，就要先了解制度的概念。制度是指"具有普遍意义的、比较稳定的、有一定强制性的和正式的社会规范体系"。而体制是指"国家机关、企事业单位在机构设置、领导隶属关系和管理权限划分等方面的体系、制度、方法、形式等的总称"。体制和制度紧密联系，体制是制度的一个下位概念。

体育人才培养体制是指体育人才培养系统的机构设置、权限划分和管理制度等方面的总称。从全世界普遍来看，体育人才的淘汰率和人才新陈代谢是最快的，因此，体育后备人才的培养就成为制约一个国家体育事业发展的关键。学者洪惠杰认为，制定体育人才培养体制，就要提出专门的人才培养目标、培养方法，以制度的形式为体育后备人才的培养提供组织保证。梁栋在《可持续发展理论原则与转型期我国足球后备人才培养的研究》一文中，提出影响我国足球后备人才培养工作可持续发展进程的因素有以下几个方面：运动员参赛年龄的管理、培养单位的收费标准、运动员的流向、场地设施、足球运动员资源、教练员的数量及业务水平、培养单位资金筹措能力、社会关注程度、足协管理力度、运动员的出路、教练员的待遇等。可见，在制定足球后备人才培养体制时，必须充分考虑到以上因素的影响，全面兼顾到各个方面规章制度的完善。

总之，我们将足球后备人才培养体制界定如下，足球后备人才培养事业的管理体系与各项制度的总称，既包括相关国家机关、企事业单位在机构设置、领导隶属关系和管理权限划分等方面的体系、制度、方法、形式，又包括在足球后备人才培养过程中涉及的培养目标、出路、训练体系、竞赛体系、文化学习、经费、场地设施、教练员和规模等方面的具体内容或措施。

另外,《辞海》中"模式"定义亦称范例,一般可作为范本、模本、变本的式样,在社会学中,是研究社会现象的理论图式和解释方案,同时也是一种思想体系和思维方式。由此可见,"模式"是一个可以从不同方面对"体制"进行描述的概念,关于"模式"的解释,方案中可以包含"体制"中规定的因素或成分,因此,本研究在对足球后备人才培养体制分析时,很多地方是借助模式进行的。

二、足球后备人才培养体制的重要性及改革措施

(一)足球后备人才培养体制的重要性

青少年是人类各项事业的希望和未来,青少年的健康成长与顺利成才是一个国家持续向前发展的根基所在。诚如梁启超 1900 年著的《少年中国说》中所言:"故今日之责任,不在他人,而全在我少年。少年智则国智,少年富则国富,少年强则国强,少年独立则国独立,少年自由则国自由,少年进步则国进步,少年胜于欧洲,则国胜于欧洲,少年雄于地球,则国雄于地球。"国运如此,足球运动更是这样,1985 年 8 月 11 日,观看了几场国际足联 16 岁以下柯达杯世界锦标赛的实况转播之后,邓小平同志语重心长地对身边人员说:"他们踢得很有朝气,是世界足球运动的希望。中国队也踢得不错。我们中国足球运动要搞上去,要从娃娃和少年抓起。"2000 年 8 月,在瑞士苏黎世召开的国际足联第 54 次代表大会上,国际足联主席布拉特指出,"各个国家和地区的足协必须重视青少年足球工作",2000 年 12 月的全国足球工作会议上,中国足协前副主席阎世铎提出了"今后中国足协的工作重心将转移到青少年足球上来"的号召。

鲁迅先生说过,"在未有天才之前,须有培养天才的土壤"。这里的"土壤"指的是培养天才的机制或环境。中国足球的崛起需要有一大批足球人才来承担,更需要培养足球人才的体制,中国青少年足球工作存在两个方面的问题,一是培养与管理体制问题;二是训练理念问题。

二、足球后备人才培养体制改革的具体措施探析

（一）构建新的足球后备人才训练体系

根据我国的国情，实施我国足球后备人才培养道路的载体只能是教育系统内的学校，而不是体育系统内的培养中心（业余体校、足球学校、俱乐部梯队），类似于国外的培养中心模式在我国只能处于非常次要的补充地位。

1. 后备人才试点学校是培养全面发展型的足球后备人才的最佳载体

在教育系统内的后备人才试点学校内，具备天然的后备人才成长的正常环境，拥有大量可供选拔的后备人才群体，已经拥有数量较多的高质量的足球场地（下文另有论述）；从试点小学到试点中学再到试点大学，后备人才的成长道路畅通，自成体系虽然在教育系统内原有学校训练体系对竞技足球的贡献率较小，但是这种状况相对容易改变，因为训练对象（青少年足球运动员）的主体存在于教育系统，运动训练的实施者（教练员）大多存在于体育系统内，而教练员的跨系统转移总比运动员的跨系统转移更易于操作。这种体育资源的调配一旦成为现实，以学校为依托的培养模式必将具备强大的生命力与创造性。每当说起学校足球，曾任北京理工大学足球队主帅的金志扬都会谈到一个理念——让学校成为中国足球培养人才的摇篮。中国现在有一千多所大学，如果有50所足球水平达到理工大学这个水平，我想我们还害怕没有足够的人才吗？而且这50所大学还会辐射出500所中学，500所中学会辐射5000所小学，这种金字塔，这种从普及到最后专业、职业，我想这条道路依靠的是学校的体育发展，这条路我觉得会越走越宽，而且越走越坚实。在教育系统内的大、中、小学内选拔成立一定数目的足球后备人才试点学校，以此为依托，成立各个年龄段的足球队，是减缓"学训矛盾"，培养"全面发展型"足球后备人才的最佳措施。

2. 体现培养目标的具体化和多元化

在高中及以下阶段或在就读大学前，训练水平较低的学生或文化成绩不合格的学生或思想品质不合格的学生成为这种训练体系下被淘汰的对象。能够成为高校高水平运动队的运动员或体育院系学生或普通专业代表队学生的后备人才，则成为这种训练体系成功培养的对象，在大学毕业后，这部分人才将成为各个职业俱乐部职业运动员，或足球课教

师、教练，或者是各个行业内有足球运动特长的建设者。这种具体化和多元化的培养目标，既有利于明确足球后备人才的发展目标，提高学习与训练的目的性与动力，又有利于明确足球后备人才的出路问题，解决运动员的安置问题与家长的后顾之忧。

（二）解决足球后备人才培养的学训矛盾

1. 规范足球后备人才的文化学习

学训矛盾是固然存在的，之所以较国外更加突出，是因为在我国的体育后备人才培养历史上，由于急功近利思想的误导，在多快好省地建设社会主义各项事业思想促使下，忽视了体育后备人才成长的客观规律，人为地把一部分青少年圈养在业余体校内重点培养，在这种体制下，青少年后备人才训练的动力十足，而文化学习缺乏诱导动机、强化氛围与规范管理机制，最终造成了体教分离的局面，加剧了学习与训练的矛盾。因此，改变传统的业余体校模式以及由此衍生的足球学校模式、职业俱乐部梯队模式的核心地位，坚定不移地在教育系统内推行足球后备人才试点学校模式，提高足球后备人才的文化成绩，是减缓学训矛盾的另一重要举措。

2. 为更多的足球后备人才提供就读大学的机会

加大体育后备人才培养理念与目标的宣传是有必要的，但是，仅靠宣传还远远不够，真正地体现体教结合的效果更加重要，为更多的足球后备人才提供就读大学的机会，是落实与实现足球后备人才全面发展理念的最佳措施，因为，让足球后备人才进入大学就读是衡量他们是否全面发展的、显性的和有说服力的标准，是消除足球后备人才家长对学训矛盾顾虑的切实举措。

3. 提高足球后备人才训练的科学性

训练的科学性是影响学训矛盾的重要因素，毫无疑问，训练效率的提高一方面能够直接改善训练的效果，另一方面也为足球后备人才进行文化学习节省了更多的精力与时间。由上文的调查可知，我国足球后备人才训练的科学性不够，教育系统内足球后备人才训练的科学性严重不足。学者梁栋指出，影响我国青少年足球运动员训练的科学性的因素有教练员素质、场地质量、训练时数、竞赛场次、训练大纲、选材与淘汰情况、管理状况和后勤保障体系等。因此，提高训练的科学性就必须着眼于以上几个方面的完善。

（三）完善足球教练员培训制度

对具有丰富运动经历的足球运动员进行专门的教练员培训只是权宜之计，我国目前的各级足球队教练员持证上岗制度只能有限地提高教练员的执教素质，不能从根本上改变国内教练员执教水平偏低的现状，在旧有的培养体制下培养的广大教练员队伍不可能经过短期培训就有质的提高。从长远考虑以及中国足球运动快速、可持续发展角度考虑，必须彻底改变我国的运动员培养体制，完善并强化青少年足球运动员的体教结合型培养体制。

完善的措施包括以下几个方面：第一，在培训形式、培训内容、培训对象和考核晋级等方面，制定严密规章制度，做到有规可依，有规必依，依规必严，违规必究；第二，重视并强化中小学足球教师与教练员的培训，严格教练员、足球教师准入制度，形成对已晋级教练员的定期培训制度。

（四）加强管理，为足球后备人才培养做好保障

足球后备人才培养工作是一个复杂的系统工程，因此必须成立专门的管理机构协调各项事宜，根据上文中关于举国体制原则的论述，管理机构应当在教育系统内建立，足球运动管理中心与各地足球协会应当处于次要的配合地位。参照我国传统的三级训练网络体制，应当建立从教育部到省、市教育局的三级训练管理机构，统筹管理诸如后备人才试点学校的选拔与评估、教练员的聘任、激励与考核、运动员的选材、运动员注册、输送与升学、后备人才文化课学习目标的设置、训练竞赛体系的建立、场地建设和经费筹措等事宜。

第二节　足球运动后备人才培养质量的影响因素与完善对策

一、我国足球后备人才培养质量的影响因素分析

影响我国足球后备人才培养质量的原因很多，有经济的、社会的、制度的等等，我们通过对部分教练员、专家和足球后备人才培养运动队的管理者进行影响我国足球后备人才培养质量的原因进行调查，得出最重要的影响原因。

（一）经济原因

长期以来，我国用于发展体育事业的经济来源基本上是按照计划经济模式由政府进行配置的。这种包揽制在一定的历史条件下发挥过很大作用，使我国的体育事业取得了很大的成绩。随着我国经济体制的改革，计划经济向市场经济转化，这种包揽制已不适应社会的发展和经济体制的改革。由此，体育开始向社会化和市场化转型，但体育职业化在我国还处于初级阶段，还没有形成规范化、系统化的管理。现行的职业俱乐部是大财团或大企业供养下运作，企业的经济效益观念致使急功近利成为各俱乐部的普遍现象。社会经济的投入只够俱乐部维持日常运作，基层训练便无人问津。受市场经济思潮的影响，在没有物质资金做铺垫的前提下，很难开展日常训练工作。这使得众多的中小学足球训练竞赛就此销声匿迹。

目前，各级球队的经费都比较困难，即使是职业俱乐部后备梯队的经费也不充裕且无自主支配权。在场地设施方面，除少数经营较好、国家重点扶持的足球学校以外，多数业余训练机构都没有自己专用的标准草皮足球训练场地。至于教练员的待遇问题，教练员拿国家事业单位的工资，在社会上各种形式的足球学校和俱乐部的教练员工资不等且不高。作为学生身份的体育学校和足球学校的队员除有少量训练比赛津贴外，其他待遇一般都得不到保证。相比之下，各职业俱乐部后备队的运动员和教练员的待遇要好一些。但与一线球队比较还是相差悬殊。就目前我国国情来说，由于市场经济的作用，足球后备人才的主要流向必然为经费、待遇和场地设施较好的甲级球队后备队伍。

现阶段，一部分足球学校和业余足球俱乐部是被经济利益所驱使而成立的，从而导致了各级足球业余训练开始实行"有偿训练"。由于各类足球学校和业余足球俱乐部的高收费，使得很多有足球天赋但家庭经济状况不理想的学生无法加入足球运动训练中来。这些足球后备力量培养机构往往看重眼前的利益，采取短期行为，因此办学质量不高。而它们应是以培养和造就优秀足球后备人才为目标的。当市场有所波动时，以经济利益为目标的学校可能就会夭折，而受损失的不仅有学生，还有我国的足球事业。

（二）急功近利思想的干扰

近年来，各级足球协会和社会上都不同程度地存在着某些浮躁情绪和急功近利的思想。为了追求一时的成绩，只把眼睛盯在能够立竿见影的职业联赛上，为此不惜花费重金。但对青少年足球的发展漠不关心，对中国足球协会颁布的有关青少年足球的规章制度置若罔闻，不予执行或执行不利。在青少年的比赛中各种弄虚作假、欺上瞒下的现象时有发生。应该看到，这种短视、幼稚的思想必将给足球的长远发展带来惨痛的后果，也影响了我国青少年足球运动员的健康成长。

（三）社会培养人才价值观的影响

随着社会的进步，科技的发展，社会对人才的需求趋向高知识化，人才的竞争越来越激烈。而我国一小部分家庭的传统观念仍然是"万般皆下品，唯有读书高"。由于足球特长生是以训练为主，在保证了足球训练的前提下，很少再有学生去从事文化知识的学习。这种文化学习和运动训练相互排斥的现象，在我国绝大多数青少年业余训练中存在，文化学习在此种情形下，成为一种形式主义。因此，体育似乎成了影响文化学习的"罪魁祸首"而被绝大多数的父母拒之门外，体育成才的艰辛和高淘汰率，再加上我国现在的大多数家庭只有一个孩子，独生子女问题使得家长们更加视体育为"虎"，他们不敢把孩子的未来完全托付给体育。有些人参加体育训练、体育比赛仅仅是为了拿到一张等级证书，以此作为升入高等学府的"敲门砖"。

（四）政策原因

青少年足球工作的特点是周期长、投入大、见效慢，这些特点决定了青少年足球工作必然是艰苦的、无闻的，然而这又是一项关系到中国足球未来的大事。要想充分调动广大基层工作者的积极性，发挥他们的主观能动性，把这项关系到中国足球千秋大业的工作扎扎实实地做好，政府部门必须给予政策上的优惠。目前，我国尚未对青少年足球工作建立起配套的优惠政策，各项规章制度还很不健全，在管理上仍是粗放式的。这就严重打击了广大基层足球工作者的工作热情，使青少年足球的管理工作无章可循、无法可依，从而出现了这样或那样不可避免的问题。

但像足球、篮球、排球这样奖牌少，耗资大的集体项目在这种境况下不是被拿掉，就是减少了投入，变成了"拣来的孩子"。

（五）高水平的优秀教练员少

运动竞技水平的高低，可以说，教练员起着很大的作用，教练员专业技术水平和综合素质往往对提高运动成绩起着极大的作用。

目前，我国足球教练员主要来源退役运动员。这些教练员主要靠过去踢球的经验执教，是作为经验的传授者。但是他们大多数都是成人教育学历或是本科的走读学历，缺乏系统的理论知识和开拓创新意识。因此，在训练和科研上对理论的深入探索缺乏必要的文化素质，使足球项目难以上更高的台阶。

（六）地域的不平衡性

早在前几年，中国足协实行足球重点城市战略时，对地域的平衡发展考虑较少，同时，部分地区受奥运战略的影响还在延续，有的地方足球协会不重视足球后备力量的培养加上受地域经济不平衡的影响，导致了我国足球后备力量培养的地域不平衡性。

（七）转会、注册、利益分配制度的不完善

转会制度是中国职业联赛引进的先进制度之一，中国自 1994 年 12 月 15 日起实行运动员转会制度。在足球联赛的初期具有中国特色的运动员转会制度起到了一定的规范，促进足球人才市场的发展。但随着形势的发展，足球人才的流动已成为挡不住的历史潮流。然而这种转会制度存在着很多不完善的地方，它严重抑制了我国足球联赛的发展。特别是对青少年（中小学）转会、注册没有明确的规定，而造成了培养年轻运动员转会利益分配不均的现象。从而形成了让基层教练员产生不平衡的思想，影响其从事培养青少年运动员的积极性，也导致了大量的教练员流失。

二、完善我国足球后备人才培养体制的对策

针对我国足球后备人才培养现状，根据足球发达国家的经验，提出完善我国足球后备人才培养体系的对策建议。

（一）转变足协职能，足球必须回归教育

足协转变职能的一项重要任务就是由"办"足球向"管"足球转变。重点放在国家队与青少年后备人才的培养方面。责成地方各级足协

在本区域内积极推广足球活动的开展，促进足球运动进一步普及和发展，扩大足球人口，协调各种社会关系，整合各种资源，为足球后备人才培养创造良好的足球环境。

足协及其相关部门应把相关战略重点和任务落实到广大中、小学校这片沃土上，只用融入学校体育教育，使广大青少年积极参与到运动训练中来，才有可能实现足球的长期可持续发展。日、韩足球能够崛起，校园足球可以说是功不可没。①让足球回归校园，具体落实"足球三年行动计划"。我们要想在足球上有质的飞跃，一方面不能投机取巧，另一方面也不能寄托个别英雄的横空出世，而是脚踏实地，培育各个年龄阶段的优秀后备人才。也就是说，只有让足球回归校园，才是足球未来发展的正确方向。由此可见，青少年体育工作者要夯实足球人才培养的基础，向广大青少年宣传足球的益处，并组织和开展多种形式的趣味性的足球竞赛，培养学生对足球的兴趣、爱好和体育锻炼的习惯，为足球的发展注入活力。正像上海足球运动管理中心原副主任，现中国足球协会女足青训部部长，主抓青少年足球的孙雯所说："足球最初肯定是以兴趣为主，如果一个孩子来训练了一次，下次还想来，那就成功了，这就是校园足球的魅力所在。"②将拓展型课程教学与青少年体育俱乐部组织形式相结合，中、小学增设足球课或增加足球课在体育教学中的比例，让学生提早熟悉足球，甚至在全国范围内将足球列入体育中考、高考的选择项目，从娃娃抓起，从基层抓起，充分挖掘具有足球天赋的后备人才；③健全场地、器材设施，为足球的发展提供良好的环境。依托足球学校及广大中、小学的足球师资等资源，设立各种青少年足球俱乐部，进一步壮大足球相关组织。鼓励和支持社会力量参与到青少年足球训练和俱乐部的训练服务中来，为足球后备人才的培养提供资金等方面的支持。

（二）加强宏观调控

通过政府干预来弥补市场调控的缺陷和不足，是确保竞技体育稳定、健康、有序发展所必需的。一国足球运动的普及与提高，仅靠社会力量是无法完成的，政府对于足球后备人才培养的宏观调控主要有以下两点。

1. 完善制度，降低交易成本

完善的法规制度是足球学校生存和发展的重要保障。合理的法规制度的建立，可以降低足球市场的交易成本，足协对于市场的规范，不仅要规范职业联赛，而且还要规范足球学校，不仅要对足球学校的硬件设施进行规范，而且要对学校的软件，如教练员的任职资格进行规范。

2. 为后备人才培养提供公共产品

市场无法自动提供公共产品，因此，足球管理机构要大力为后备人才培养提供公共产品，促进普及。第一，加强教练员培训；第二，提供减免税收及场地开放等政策支持；第三，对项目进行包装推广，营造青少年足球运动发展的良好氛围，严格执法，杜绝违规行为。

（三）扩大足球的普及程度，建立后备人才培养新模式

从可持续发展角度制定发展战略，建立相对稳定的多元化培养路径，尤其是主渠道，必须是稳定的、可持续发展的。各条路径应上下畅通、衔接紧密，互相补充，共同发展，并且要持之以恒地抓实、抓好，切不可急功近利、好大喜功。因此，应建立新型人才金字塔（见图 5-2）。

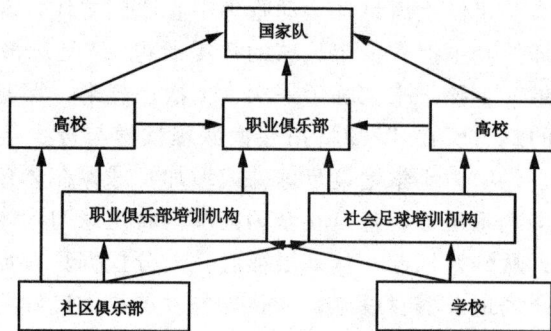

图 5-2　我国足球后备人才培养体系新模式

该模式建立在以基层中小学为塔基，中间由足球学校、少年体校、足球俱乐部后备梯队与高校连接，职业队与国家队为塔尖的既有水平层次又有年龄层次的衔接，逐层向上的训练管理体制。这种模式既能保持举国体制优势，又能整顿社会主办培训机构。发挥整体主办培训效益，提升训练水平。以上仅是在理论上的设想，具体还需要各地足球协会与教育部门的协调配合，予以政策扶持，共同做好我国后备人才的培养。

我国足球后备人才的培养必须逐渐和国际接轨。16 岁之前不能有脱离学校学习的运动员。不完成义务教育，中国足球的后劲就不会大。在孩子的早期教育中，社会教育、学校教育、家庭教育是不可分割的三大块。而在足球学校里，则是完全舍弃了家庭教育。足球还是该回到普通校园里，应该在学校里派出优秀的教练，在孩子的业余时间，根据他

们的兴趣，进行基础教育。而足球学校的使命呢，则是负责对 16 岁以上的青年球员进行职业教育。只有这样，我国的足球未来才可能是光明的。高度重视校园足球运动的发展，足协要与教育部等单位密切合作，协助教育部门开展足球普及工作，积极给予技术上的指导和资金的投入，主动维护合作者的利益，并且充分肯定其贡献。

（四）加强俱乐部梯队建设，提高足球运动水平

足球俱乐部，尤其是职业足球俱乐部，代表了足球运动的最高层次，引领足球运动的发展方向，集中了该领域的各种优势，因此，俱乐部必须承担起应尽的义务，把培养高质量、高水平的足球后备人才当成己任，抓好梯队建设，增加投入，为年轻足球队员尽快成才创造有利条件。

（五）完善青少年转会、注册制度

扩大青少年转会、注册的范围，充分调动青少年各个年龄阶层参与到足球运动中。进行分层、分类、分级的管理、合理的分配。由于青少年转会获得的转会费，给予年轻队员培养单位维持生计，让他们觉得有利可图，从而鼓励基层教练员积极从事青少年后备人才培养工作。

（六）完善我国足球后备人才竞赛体系

进一步完善青少年足球赛制，尤其是学校间、城市内的竞赛体系，使之合理化、制度化，并建立配套的管理、统计、奖励和裁判体制，进一步增加比赛的场次，提高足球比赛的质量，并扩大参赛队数和人数。在竞赛、训练的具体实施过程中，建立分级管理、分级竞赛、分级指导的制度，加强中国足协的宏观管理力度，充分调动会员协会和俱乐部的积极性。在青少年足球的年龄设置上与世界接轨，形成 U-9、U-11、U-13、U-15、U-17 和 U-19 这 6 个年龄段有机衔接的年龄结构体系。

（七）扭转揠苗助长的训练机制

虽然竞赛成绩、金牌效应成为衡量训练成效的唯一标准，但是足协及相关部门要从长远利益出发。抓住时机，大胆改革，大胆探索，扭转足球揠苗助长的机制，不仅要为我国足球发展振兴探索新机制，而且要走出一条适合我国国情和借鉴国际经验相结合、着眼长远和夯实基础相结合、创新重建和问题治理相结合的长效机制。

参考文献

[1] 陈军，李献青.我国校园足球发展的时代意义和战略构想[J].成都体育学院学报，2014（7）：81-85.

[2] 谭新莉，程彭阳子.全球视角下足球礼仪文化的传播与发展[J].西安体育学院学报，2011（2）：178-180.

[3] 龚波，曾桂生，董众鸣.中国人视野中的足球运动：错觉与偏见解析[J].中国体育科技，2011（4）：42-48.

[4] 张鲲，翟玉欣.职业足球、社会足球和校园足球的关系研究[J].湖北体育科技，2016（6）：471-473.

[5] 朱全飞.校园足球视角下我国足球人才培养模式探究[J].当代体育科技，2014（33）：236-237.

[6] 姜付高，刘鸿滨，刘刚.特色校园足球文化体系构建及其实施[J].湖北体育科技，2016（3）：264-267.

[7] 张洪瑞.探析校园足球可持续发展对中国足球的重要性[D].济南：山东大学，2013.

[8] 安勇.探讨"比赛探究教学模式"在足球教学中的应用[J].当代体育科技，2015（12）：73，75.

[9] 宋晓楠，孙雷，杜淑琳.足球全球化语境下的中国传统蹴鞠文化传播[J].当代体育科技，2016（3）：130-132.

[10] 李自来，李显贵.2014—2015赛季欧洲足球冠军联赛进球特征研究[J].当代体育科技，2016（3）：134-135.

[11] 刘坤.对我国高校足球运动推广的反思[J].成都体育学院学报，2014（7）86-89.

[12] 谷明昌.现代足球理念[M].北京：北京体育大学出版社，2005.

[13] 李铁，孙红叶.我国青少年校园足球文化建设研究[J].体育科技文献通报，2013（2V）：113-116.

[14] 张辉.我国布局城市校园足球人才培养体系的研究[D].北京：北京体育大学，2011.

[15] 马良骥.影响武汉市高校校园足球文化发展因素的研究分析[D].

武汉：武汉体育学院，2013.

[16] 武小龙.北京市回民学校足球队青少年足球后备人才培养模式比较研究[D].北京：首都体育学院，2015.

[17] 陶永恺.英超联赛在我国的网络传播状况研究[D].上海：上海社会科学院，2015.

[18] 刘波，郭振，苗争鸣.振兴足球与建设体育强国的关系[J].体育学刊，2016（4）：40-44.

[19] 安昆.河南省焦作市区中学小型足球运动开展现状及发展对策[D].成都：成都体育学院，2013.

[20] 刘强.基于数据包络分析评估中国职业足球超级联赛球队的有效性[D].锦州：渤海大学，2015.

[21] 杨小敏.足球运动文化的价值论研究[D].金华：浙江师范大学，2011.

[22] 侯学华，薛立，陈亚中，等.校园足球文化内涵研究[J].体育文化导刊，2013（6）：107-110.

[23] 张庆春，张建哲，刘文娟.我国青少年足球后备人才培养缺陷解析[J].河北体育学院学报，2007（2）：58-61.

[24] 周天全.足球与创新[M].北京：中国人民公安大学出版社，2016.

[25] 马樟生，李宏.我国足球运动教练员培训体系的现状及对策研究[J].中国体育科技，2006（3）：97-100，105.

[26] 任建明，张传胜.中国足球领域腐败与反腐败的标本意义[J].广州大学学报（社会科学版），2012（3）：5-10.

[27] 徐峰.我国体育腐败现象的成因与对策[J].忻州师范学院学报，2011（5）：66-68.

[28] 王建熙.我国足球后备人才培养教育缺失及其培养目标定位研究[D].长春：东北师范大学，2010.

[29] 王振.陕西省足球后备人才培养现状与对策研究[D].西安：陕西师范大学，2014.

[30] 李坤.我国青少年足球后备人才培养体制与指导思想的研究[D].西安：西安电子科技大学，2010.

[31] 王成栋，赖中茂.足坛腐败现象透析及其综合整治——兼论最高人民检察院有关司法解释[J].政法论坛，2002（3）：169-172.

[32] 魏刚.试析中国竞技体育比赛中的腐败问题及其治理对策[D].苏

州：苏州大学，2006.

[33] 常新乐.太原市与西安、大连两市足球联盟发展模式的比较及对策研究[D]．太原：太原理工大学，2016.

[34] 张洪瑞.探析校园足球可持续发展对中国足球的重要性[D]．济南：山东大学，2013.

[35] 孙克诚，董众鸣.我国足球后备人才多元化培养路径现状及对策[J]．上海体育学院学报，2011（3）：77-79.

[36] 崔婷，唐燕儿.多媒体与网络技术在高校教学中的应用研究[J]．中国远程教育，2010（8）：66-69.

[37] 邝国富.新形势下高校足球教学评价体系的优化构建探析[J]．科教文汇（下旬刊），2010（9）：134-135.

[38] 孟嘉怡.惩治中国足球腐败的法律适用思考[D]．长沙：湖南师范大学，2013.

[39] 刘佳.中国职业足球腐败的哲学思考[D]．长沙：湖南大学，2012.

[40] 范杨.中国足球职业化改革发展对策研究[D]．北京：北京体育大学，2012.

[41] 吴伟，郑忠波.程序教学法对提高高校足球基本技术教学效果的实践研究[J]．今日南国（理论创新版），2010（3）：29-30.

[42] 符世晓.三段式足球教学模式的探索与构建[D]．开封：河南大学，2008.

[43] 杨小敏.足球运动文化的价值论研究[D]．金华：浙江师范大学，2011.

[44] 王锋，王立生，赵瑞花.高水平足球运动员评价选优层次分析体系的研究[J]．北京体育大学学报，2005（3）：416-418.

[45] 刘晓宇.全国体育院校足球比赛现状及发展对策探讨[J]．成都体育学院学报，2010（8）：38-41.

[46] 高源.高校校园足球常态化与制度化的创建策略[J]．当代体育科技，2016（3）：79-80.

[47] 张付坤.传统文化对我国足球运动发展的影响研究[D]．扬州：扬州大学，2013.

[48] 李龙.以五大发展理念引领体育强国建设[J]．北京体育大学学报，2017（8）：1-7.

[49] 黄兰，李可可."体育强国"视阈下我国竞技足球难以实现突破的

根源探析[J]．青少年体育，2015（11）：41-43.

[50] 张震铄．全球化推动足球产业化分析［J］．体育文化导刊，2013
（10）：83-86.